KLAUS H. FINKELNBURG

Über den Rechtsschutz bei anwaltlichen Zulassungsstreitigkeiten

Schriften zum Öffentlichen Recht

Band 13

Über den Rechtsschutz bei anwaltlichen Zulassungsstreitigkeiten

Kritische Beiträge zur Bundesrechtsanwaltsordnung

Von

Klaus H. Finkelnburg

DUNCKER & HUMBLOT / BERLIN

Alle Rechte vorbehalten
© 1964 Duncker & Humblot, Berlin
Gedruckt 1964 bei Max Schönherr, Berlin 65
Printed in Germany

Vorwort

Die folgende Untersuchung soll vor allem ein Beitrag zum besseren Verständnis des geltenden anwaltlichen Berufsrechtes sein. Sie deckt Unklarheiten, Ungereimtheiten und Gesetzeslücken der Bundesrechtsanwaltsordnung auf und weist Wege zu ihrer Aufhellung, Auslegung und Ausfüllung. Daneben will sie zeigen, wie sich die zunehmende Spezialisierung und Sonderung von Rechtsgebieten und Gerichtsbarkeiten negativ auf die Qualität der Gesetzgebung auswirkt. Indem der Rechtsschutz bei anwaltlichen Zulassungsstreitigkeiten prozessual verselbständigt und mit einer eigenen Gerichtsbarkeit ausgestattet wird, löst er sich aus dem Zusammenhang des allgemeinen Verwaltungsrechtsschutzes. Gesicherte Erkenntnisse des Verwaltungsprozeßrechtes gehen auf diese Weise verloren oder werden durch willkürliche oder wenig durchdachte Lösungen ersetzt. Der kritischen Betrachtung öffnet sich dadurch ein weites Feld.

Die Schrift ist im Frühjahr 1963 von der juristischen Fakultät der Freien Universität Berlin als Dissertation angenommen worden. Sie wurde von meinem Lehrer, Herrn Prof. Dr. Karl August Bettermann, betreut, dem ich für zahlreiche Anregungen und manches kritische Wort zu danken habe. Viele seiner Lehren, zum allgemeinen Verwaltungsprozeß entwickelt, konnten mit Nutzen auf das Gebiet der anwaltlichen Berufsgerichtsbarkeit übertragen werden. Auch dieser mittelbaren Förderung dankbar zu gedenken, ist mir eine angenehme Pflicht.

Berlin, den 15. Oktober 1963

Klaus H. Finkelnburg

Inhaltsverzeichnis

Einleitung   17

Erstes Kapitel

Gegenstand und Begriff der Zulassungsstreitigkeiten

§ 1 *Die anwaltliche Berufszulassung und Berufsausübung als Gegenstand gesetzlicher Regelung* 19

   I. Notwendigkeit einer gesetzlichen Regelung des Anwaltsberufs . . . 19

  II. Die neuere Entwicklung des anwaltlichen Berufsrechts 20

§ 2 *Berufszulassung und Berufsausübung nach der Bundesrechtsanwaltsordnung* 21

   I. Regelung der Berufsaufnahme 22

     1. Zulassung zur Rechtsanwaltschaft 22

         a) Voraussetzungen der Zulassung 22

         b) Zuständigkeit zur Zulassung 24

     2. Örtliche Zulassung bei einem Gericht 24

         a) Örtliche Zulassung und Zulassung zur Rechtsanwaltschaft . . 25

         b) Voraussetzungen der örtlichen Zulassung 25

         c) Zuständigkeit der örtlichen Zulassung 25

         d) Örtliche Zulassung beim Bundesgerichtshof 25

     3. Eintragung in die Liste der Rechtsanwälte 26

  II. Regelung der Berufsausübung 27

     1. Berufsregelung durch Organe der anwaltlichen Selbstverwaltung 27

     2. Berufsregelung durch Organe der Justiz 27

 III. Regelung der Berufsbeendigung 28

     1. Berufsbeendigung durch Tod oder Verzicht 28

     2. Berufsbeendigung durch Berufsentfernung 28

         a) Beseitigung der Zulassung zur Rechtsanwaltschaft 28

         b) Beseitigung der örtlichen Zulassung 29

3. Folgen der Berufsbeendigung 29
IV. Regelung der Berufsabwicklung 29

§ 3 *Begriff der Zulassungsstreitigkeit* 30

    I. Beschränkung auf Streitigkeiten mit Anwälten, Anwaltsbewerbern oder Anwaltsvertretern 30

    II. Beschränkung auf Rechtsverletzungen durch Organe der berufsregelnden zweiten Gewalt 30

       1. Keine Ausdehnung auf richterliche Rechtsverletzungen 30

       2. Keine Ausdehnung auf Rechtsverletzungen außerhalb der anwaltlichen Berufsregelung 31

    III. Beschränkung auf Streitigkeiten aus dem Vollzug der Bundesrechtsanwaltsordnung 31

    IV. Keine Ausdehnung auf haftungsrechtliche Streitigkeiten 32

Zweites Kapitel

Der Rechtsweg bei Zulassungsstreitigkeiten

§ 4 *Die Zulassungsstreitigkeiten im Rechtswegesystem* 33

    I. Rechtsnatur der Zulassungsstreitigkeiten 33

    II. Standort der Zulassungsstreitigkeiten im Rechtswegesystem 33

       1. Berufsgerichtlicher Rechtsweg 33

       2. Allgemeiner Verwaltungsrechtsweg 34

       3. Ordentlicher Rechtsweg nach Art. 19 IV 2 GG 34

       4. Zusammenfassung und Würdigung 35

§ 5 *Zulassungsstreitigkeiten und allgemeiner Verwaltungsrechtsweg* . 36

    I. Gesetzestechnik der Bundesrechtsanwaltsordnung 36

       1. Fehlen einer umfassenden Generalklausel 36

       2. Verhältnis von Rechtsweg und Rechtsschutzform 37

    II. Anpassung der Bundesrechtsanwaltsordnung an die herkömmliche Gesetzestechnik 37

    III. Auslegung der Bundesrechtsanwaltsordnung 39

§ 6 *Zulassungsstreitigkeiten und berufsgerichtlicher Rechtsweg* 40

    I. Rechtsweg und Rechtsschutzform 40

    II. Verweisung an anwaltliche Berufsgerichte 40

Drittes Kapitel

Die Gerichte der anwaltlichen Berufsgerichtsbarkeit bei Zulassungsstreitigkeiten

§ 7 *Der Ehrengerichtshof für Rechtsanwälte* 42

  I. Errichtung des Ehrengerichtshofs 42

  II. Besetzung des Ehrengerichtshofs 43
    1. Berufsrichterliche Mitglieder 43
    2. Anwaltliche Mitglieder 44
      a) Persönliche Voraussetzungen einer Ernennung 44
      b) Ernennungsverfahren 46
    3. Präsident und Vorsitzende 46

  III. Der Ehrengerichtshof als erkennendes Gericht 47
    1. Verteilung der Richter auf die Senate 47
    2. Überbesetzung der Senate 47

  IV. Gerichtsorganisatorische Stellung des Ehrengerichtshofs 47
    1. Räumlich-büromäßige Verbindung mit dem Oberlandesgericht . 48
    2. Rechtliche Selbständigkeit 49

§ 8 *Der Senat für Anwaltssachen beim Bundesgerichtshof* 50

  I. Errichtung des Senats 50

  II. Besetzung des Senats 50
    1. Vorsitzender 50
    2. Berufsrichterliche Mitglieder 50
    3. Anwaltliche Mitglieder 51
      a) Persönliche Voraussetzungen einer Berufung 51
      b) Berufungsverfahren 51
      c) Keine Mitwirkung des Richterwahlausschusses 51

  III. Gerichtsorganisatorische Stellung des Senats für Anwaltssachen .. 53
    1. Abgrenzung von Sondergericht und unselbständigem Spruchkörper 53
    2. Der Senat für Anwaltssachen als unselbständiger Spruchkörper 54
    3. Senat für Anwaltssachen und ordentliche Gerichtsbarkeit ... 54

§ 9 *Rechtsstellung der anwaltlichen Richter am Ehrengerichtshof* ... 55

  I. Rechtsstatus 55
    1. Ehrenamtliche Tätigkeit 55
    2. Angleichung an die Berufsrichter 55
    3. Ehrenrichter 55

  II. Besondere Pflichten 56

　　　　　III. Stellung bei Ausübung der richterlichen Tätigkeit 57

　　　　　IV. Abberufung 57

　　　　　V. Amtsbeendigung durch Amtsablauf 58

§ 10 *Rechtsstellung der anwaltlichen Richter am Senat für Anwaltssachen beim Bundesgerichtshof* 59

　　　　　I. Rechtsstatus 59

　　　　　II. Besondere Pflichten 59

　　　　　III. Stellung bei Ausübung der richterlichen Tätigkeit 59

　　　　　IV. Amtsenthebung 60

§ 11 *Zuständigkeiten innerhalb der anwaltlichen Berufsgerichtsbarkeit bei Zulassungsstreitigkeiten* 60

　　　　　I. Sachliche Zuständigkeit 60

　　　　　　　1. Ehrengerichtshof 60

　　　　　　　2. Senat für Anwaltssachen 60

　　　　　II. Örtliche Zuständigkeit 61

　　　　　III. Senat für Anwaltssachen als Beschwerdegericht 62

§ 12 *Ehrengerichtshof und Grundgesetz* 62

　　　　　I. Gerichtsqualität des Ehrengerichtshofs 62

　　　　　　　1. Staatliche Behörde 63

　　　　　　　2. Rechtsprechungsbehörde 64

　　　　　　　3. Organisatorische Selbständigkeit 64

　　　　　　　4. Personelle Selbständigkeit 64

　　　　　　　5. Unabhängigkeit der Richter 65

　　　　　　　6. Gerichtsqualität und rechtsstaatliches Verfahren 66

　　　　　II. Ehrengerichtshof als Sondergericht 66

　　　　　III. Verfassungsmäßigkeit der Zuständigkeiten 67

§ 13 *Senat für Anwaltssachen und Grundgesetz* 68

　　　　　I. Gerichtsqualität des Senates für Anwaltssachen 68

　　　　　II. Sondergericht? 68

　　　　　III. Vereinbarkeit mit Art. 96 I GG 69

　　　　　IV. Verfassungsmäßigkeit der Zuständigkeiten 70

Viertes Kapitel

Über das Verfahren bei der Entscheidung von Zulassungsstreitigkeiten

§ 14 *Gesetzliche Grundlagen des gerichtlichen Verfahrens bei Zulassungsstreitigkeiten* 71
    I. Bundesrechtsanwaltsordnung 71
    II. Subsidiäre Geltung des FGG 72
        1. Allgemeine Vorschriften des FGG 72
        2. Ausführungsgesetze der Länder? 72
        3. Keine Zuständigkeitsnormen 73
        4. Rechtspolitische Würdigung 73
    III. Rückgriff auf die Verwaltungsgerichtsordnung 73
        1. Lückenausfüllung durch freie richterliche Rechtsschöpfung? .. 73
        2. Lückenausfüllung durch Analogie 74
    IV. Zusammenfassung 76

§ 15 *Über die Einleitung des Verfahrens durch Antrag auf gerichtliche Entscheidung* 76
    I. Funktion des Antrags auf gerichtliche Entscheidung 76
    II. Bedeutung des Antrags auf gerichtliche Entscheidung 77
        1. Ursprüngliche Bedeutung 77
        2. Bedeutung in der Bundesrechtsanwaltsordnung 78
    III. Kritische Würdigung 78

§ 16 *Über die Rechtsschutzformen bei Zulassungsstreitigkeiten* 80
    I. Rechtsschutz gegenüber belastenden Verwaltungsakten 81
        1. Anfechtung entsprechend § 42 VwGO 81
        2. Anfechtung nichtiger Verwaltungsakte 81
    II. Rechtsschutz bei Ablehnung einer beantragten Amtshandlung .. 82
    III. Rechtsschutz bei behördlicher Untätigkeit 83
    IV. Keine Feststellungsklage nach der Bundesrechtsanwaltsordnung .. 83
    V. Rechtsschutz gegenüber dem Gutachten des Kammervorstandes .. 84
        1. Ursprung der gesetzlichen Regelung 85
        2. Würdigung der gesetzlichen Regelung 86
        3. Kein Verstoß gegen Art. 19 IV GG 86

§ 17 *Zulässigkeitsvoraussetzungen des Antrages auf gerichtliche Entscheidung* 87
    I. Inhaltliche Anforderungen 87
    II. Antragstellung beim zuständigen Gericht 88

III. Form 88
　　IV. Fristen 89
　　　　1. Anfechtungsantrag 89
　　　　2. Behördliche Untätigkeit 89
　　V. Kein Vorverfahren 91

§ 18 *Die Folgen der Antragstellung* 92
　　I. Suspensiveffekt 92
　　II. Kostenfolge 93
　　　　1. Anwendung der Kostenordnung 93
　　　　2. Fehlen einer Vorschußpflicht 94
　　　　3. Gesetzliche Regelung im einzelnen 95

§ 19 *Über die Endentscheidung bei Zulassungsstreitigkeiten* 96
　　I. Entscheidungsform 96
　　II. Entscheidung bei unzulässigem Antrag 96
　　III. Entscheidung bei Unbegründetheit des geltend gemachten Anspruchs 97
　　IV. Entscheidung bei Begründetheit des Anspruchs 97
　　　　1. Anfechtungsprozeß 97
　　　　2. Untätigkeitsprozeß 98
　　　　3. Gutachtenprozeß 99

§ 20 *Über das Beschwerdeverfahren* 99
　　I. Sofortige Beschwerde als einziges Rechtsmittel 99
　　II. Rechts- und Tatsachenbeschwerde 100
　　III. Statthaftigkeit 100
　　IV. Beschwerdeberechtigung 101
　　V. Beschwer 101
　　　　1. Beschwer des Antragstellers 101
　　　　2. Beschwer der Justizverwaltung 102
　　　　3. Anschlußbeschwerde 103
　　　　4. Gutachtenprozeß 103
　　　　5. Beschwer der Rechtsanwaltskammer 103
　　VI. Verfahren 104
　　　　1. Fristen 104
　　　　2. Suspensiveffekt 104
　　　　3. Inhalt der Entscheidung 104
　　VII. Kritische Würdigung 105

§ 21 *Gerichtliche Tätigkeiten außerhalb des Erkenntnisverfahrens* . . . 106
　　I. Vollstreckung 106
　　II. Einstweilige Anordnung 108

Schrifttumsverzeichnis　　　　　　　　　　　　　　　　　　　　**109**

Abkürzungsverzeichnis*

a.A.	=	anderer Ansicht
a.a.O.	=	am angegebenen Orte
ABl.	=	Amtsblatt
AcP	=	Archiv für die civilistische Praxis
a.F.	=	alte Fassung
AktG	=	Aktiengesetz
a.M.	=	anderer Meinung
Amtl. Begr.	=	Amtliche Begründung
Anh.	=	Anhang
Anl.	=	Anlage
Anm.	=	Anmerkung
Anw. Bl.	=	Anwaltsblatt
AnO	=	Anordnung
AO	=	Reichsabgabenordnung
AöR	=	Archiv des öffentlichen Rechts
ArbGG	=	Arbeitsgerichtsgesetz
Art.	=	Artikel
Aufl.	=	Auflage
AusfG	=	Ausführungsgesetz
AV	=	Ausführungsverordnung
Bad.-Württ.	=	Baden-Württemberg, Baden-Württembergisch ....
BAnz.	=	Bundesanzeiger
Bay.	=	Bayern, Bayerisch ...
Bay. RAO	=	Bayerische Rechtsanwaltsordnung
Bay.VBl.	=	Bayerische Verwaltungsblätter
Bay.VerfGH	=	Bayerischer Verfassungsgerichtshof
BB	=	Betriebsberater
Bd.	=	Band
BDO	=	Bundesdisziplinarordnung
Bem.	=	Bemerkung
BFH	=	Bundesfinanzhof
BGB	=	Bürgerliches Gesetzbuch
BGBl.	=	Bundesgesetzblatt
BGH	=	Bundesgerichtshof
BGHZ	=	Entscheidungen des Bundesgerichtshofs in Zivilsachen
BNotO	=	Bundesnotarordnung
BR	=	Bundesrat
BRAO	=	Bundesrechtsanwaltsordnung

* Paragraphen ohne Zusatz sind solche der Bundesrechtsanwaltsordnung.

BR-Drucks.	=	Drucksache des Bundesrates
BReg	=	Bundesregierung
BR-Prot.	=	Protokoll des Bundesrates
BRRG	=	Beamtenrechtsrahmengesetz
br.Z.	=	britische Zone
BT	=	Bundestag
BT-Drucks.	=	Drucksache des Bundestages
BT-Prot.	=	Protokoll des Bundestages
BVerfG	=	Bundesverfassungsgericht
BVerfGE	=	Entscheidungen des Bundesverfassungsgerichts
BVerfGG	=	Gesetz über das Bundesverfassungsgericht
BVerwG	=	Bundesverwaltungsgericht
BVerwGE	=	Entscheidungen des Bundesverwaltungsgerichts
BVerwGG	=	Gesetz über das Bundesverwaltungsgericht
Diss.	=	Dissertation
DÖV	=	Die Öffentliche Verwaltung
DRG	=	Deutsches Richtergesetz
DRiZ	=	Deutsche Richterzeitung
DRpfl.	=	Deutsche Rechtspflege
DRZ	=	Deutsche Rechts-Zeitschrift
DV	=	Deutsche Verwaltung
DVBl.	=	Deutsches Verwaltungsblatt
DVO	=	Durchführungsverordnung
EGGVG	=	Einführungsgesetz zum Gerichtsverfassungsgesetz
EGH	=	Ehrengerichtshof
EGHE	=	Entscheidungen der Ehrengerichtshöfe für Rechtsanwälte
Einf.	=	Einführung
Entw.	=	Entwurf
Erl.	=	Erläuterung
ESVGH	=	Entscheidungssammlung des Hessischen und des Württemberg-Badischen bzw. Baden-Württembergischen Verwaltungsgerichtshofes
f.	=	folgend
ff.	=	folgende
FGG	=	Reichsgesetz über die Angelegenheiten der freiwilligen Gerichtsbarkeit
FGO	=	Finanzgerichtsordnung
GG	=	Grundgesetz
GKG	=	Gerichtskostengesetz
GrdstVG	=	Grundstückverkehrsgesetz
Gruch.	=	Gruchot, Beiträge zur Erläuterung des deutschen Rechts
GS	=	Gesetzessammlung
GVBl.	=	Gesetz- und Verordnungsblatt
GVG	=	Gerichtsverfassungsgesetz
GWB	=	Gesetz gegen Wettbewerbsbeschränkungen

Hamb.	= Hamburg, Hamburgisch ...
HdbDStR	= Handbuch des Deutschen Staatsrechts
Hess.	= Hessen, Hessisch ...
h.M.	= herrschende Meinung
Hs.	= Halbsatz
i.d.F.	= in der Fassung
i.V.	= in Verbindung
JBl.	= Justizblatt
JM	= Justizminister
JMBl.	= Justizministerialblatt
JR	= Juristische Rundschau
JZ	= Juristenzeitung
KG	= Kostengesetz
KostO	= Kostenordnung
krit.	= kritisch
LandbeschaffG	= Landbeschaffungsgesetz
LBG	= Landesbeamtengesetz
LDO	= Landesdisziplinarordnung
LG	= Landgericht
LM	= Lindenmaier-Möhring
LV	= Landesverfügung
LV G	= Landesverwaltungsgericht
LwVG	= Gesetz über das gerichtliche Verfahren in Landwirtschaftssachen
m. Änd.	= mit späteren Änderungen
MdJ	= Minister der Justiz
MDR	= Monatsschrift für Deutsches Recht
MRVO 165	= Militärregierungsverordnung Nr. 165
MSchG	= Mieterschutzgesetz
m. w. N.	= mit weiteren Nachweisen
Nds	= Niedersachsen, Niedersächsisch ...
n. F.	= neue Folge
NJW	= Neue Juristische Wochenschrift
Nr.	= Nummer
NRW	= Nordrhein-Westfalen, Nordrhein-Westfälisch
OGH	= Oberster Gerichtshof
OLG	= Oberlandesgericht
OVG	= Oberverwaltungsgericht
OwiG	= Ordnungswidrigkeitengesetz
PatG	= Patentgesetz
PersVertG	= Personalvertretungsgesetz
PostG	= Postgesetz
Pr.	= Preußisch ...
Prot.	= Protokoll

RAO	= (Reichs-)Rechtsanwaltsordnung
RdA	= Rechcht der Arbeit
RdErl.	= Runderlaß
Rdnr.	= Randnummer
RDStO	= Reichsdienststrafordnung
RG	= Reichsgericht
RGBl.	= Reichsgesetzblatt
RGZ	= Entscheidungen des Reichsgerichts in Zivilsachen
RiDStO	= Richterdienststrafordnung
Rhld.-Pf.	= Rheinland-Pfalz, Rheinland-Pfälzisch ...
RiDStO	= Richterdienststrafordnung
Rpfl.	= Rechtspflege
S.	= Seite
s.	= siehe
SA	= Seufferts Archiv
Saarl.	= Saarland, Saarländisch ...
SchlHA	= Schleswig-Holsteinische Anzeigen
SGG	= Sozialgerichtsgesetz
sog.	= sogenannt ...
StGH	= Staatsgerichtshof
StGHG	= Staatsgerichtshofgesetz
StPO	= Strafprozeßordnung
VVDStRL	= Veröffentlichungen der Vereinigung der deutschen Staatsrechtslehrer
Verf.	= Verfassung
VerfGG	= Verfassungsgerichtsgesetz
VerfGH	= Verfassungsgerichtshof
VerfGHG	= Verfassungsgerichtshofsgesetz
Verw.Arch.	= Verwaltungsarchiv
VG	= Verwaltungsgericht
VGG	= (süddeutsches) Verwaltungsgerichtsgesetz
VGH	= Verwaltungsgerichtshof
vgl.	= vergleiche
VO	= Verordnung
Vorbem.	= Vorbemerkung
VRspr.	= Verwaltungsrechtsprechung
VwGKG	= Verwaltungsgerichtskostengesetz
VwGO	= Verwaltungsgerichtsordnung
WBeschwO	= Wehrbeschwerdeordnung
WRV	= Weimarer Reichsverfassung
Württ.-Bad.	= Württemberg-Baden, Wüttemberg-Badisch ...
ZBR	= Zeitschrift für Beamtenrecht
ZPO	= Zivilprozeßordnung
ZZP	= Zeitschrift für Zivilprozeß

Einleitung

Die Bundesrechtsanwaltsordnung vom 1. August 1959[1] hat die mit Kriegsende verlorengegangene Einheit des anwaltlichen Berufsrechtes wiederhergestellt. Sie regelt eingehend die anwaltliche Berufszulassung und Berufsausübung einschließlich der disziplinaren Verantwortlichkeit für die Einhaltung der Standespflichten und organisiert die anwaltliche Selbstverwaltung durch Rechtsanwaltskammern, die unter staatlicher Aufsicht stehen. Mit Ehrengericht, Ehrengerichtshof für Rechtsanwälte und dem Senat für Anwaltssachen beim Bundesgerichtshof errichtet sie eine anwaltliche Sondergerichtsbarkeit, welcher der Rechtsschutz in Disziplinar- und Zulassungssachen, bei Streitigkeiten innerhalb der anwaltlichen Standesorganisation sowie zwischen dieser und den Organen der Staatsaufsicht obliegt.

Es entspricht einer guten und bewährten Tradition, die anwaltliche Ehren- oder Disziplinargerichtsbarkeit besonderen Gerichten oder Spruchkörpern anzuvertrauen, die ganz, überwiegend oder doch teilweise mit Rechtsanwälten besetzt sind. Dagegen betritt die Bundesrechtsanwaltsordnung weitgehend Neuland, wenn sie Ehrengerichtshof und Bundesgerichtshof[2] auch den so ganz anders gearteten Rechtsschutz bei Zulassungs-, Organ- und Aufsichtsstreitigkeiten überträgt. Diese Streitigkeiten, die verwaltungsrechtlicher Natur sind, waren bis Kriegsende nahezu rechtsschutzlos und wurden danach infolge partikularer Zersplitterung von den verschiedensten Gerichtsbarkeiten, überwiegend aber von Verwaltungsgerichten entschieden.

Die heutige Monopolisierung dieser Streitigkeiten bei den anwaltlichen Berufsgerichten gewährleistet ihnen vor allem einen sachnahen, weil fachkundigen Richter. Die Gefahr nichtsachgerechter Entscheidungen wird dadurch gemindert, die Effektivität des Rechtsschutzes verstärkt. Die Anwaltschaft zahlt für dieses Mehr an Rechtsschutz jedoch einen hohen Preis. Denn die Bundesrechtsanwaltsordnung entzieht diese Streitigkeiten nicht nur den Verwaltungsgerichten, sondern auch der

---

[1] BGBl. I S. 565. Gemäß § 236 nach Berlin übernommen durch Mantelgesetz vom 11. 9. 1959 (GVBl. S. 1103). Paragraphen der Bundesrechtsanwaltsordnung werden im Text ohne Zusatz zitiert.

[2] Während das Ehrengericht ausschließlich Disziplinargericht erster Instanz ist.

Verwaltungsgerichtsordnung[3] und damit zugleich den Fortschritten des modernen Verwaltungsprozeßrechtes. Sie bietet treffliche Lösungen der eigentlich standesrechtlichen Fragen, doch sie versagt, sobald sie sich verwaltungsprozessualen Themen zuwendet. Vieles bleibt dann ungelöst, manches ist verfehlt und Wichtiges vergessen. Der Zuwachs an Rechtsschutz, der in der Beteiligung fachkundiger anwaltlicher Richter liegt, geht der Anwaltschaft durch die verfahrensrechtlichen Mängel der Bundesrechtsanwaltsordnung teilweise wieder verloren.

Dies alles mußte es reizvoll erscheinen lassen, die Zulassungsstreitigkeiten als die Hauptgruppe der verwaltungsrechtlichen Streitigkeiten einer eingehenden Betrachtung zu unterziehen. Dabei erwies es sich jedoch als wenig sinnvoll, ihr gerichtliches Verfahren zu untersuchen, bevor nicht der Standort dieser Streitigkeiten im Rechtswegesystem bestimmt und die Grundgesetzmäßigkeit der anwaltlichen Berufsgerichte erwiesen ist. Die vorliegende Schrift geht deshalb von dem Anwalt, Anwaltsbewerber oder Anwaltsvertreter aus, der sich den berufsregelnden Maßnahmen der zweiten Gewalt gegenübersieht, und fragt, bei welchen Gerichten er um Rechtsschutz nachsuchen kann, wie diese Gerichte verfaßt und aus grundgesetzlicher Sicht zu beurteilen sind und welches ihr Verfahren ist. Vorangestellt ist ein einführender Überblick über die materiellrechtlichen Zusammenhänge, welche den Zulassungsstreitigkeiten zugrunde liegen.

---

[3] Das läßt sich nicht damit rechtfertigen, daß die Bundesrechtsanwaltsordnung (wenige Monate) vor der Verwaltungsgerichtsordnung erlassen worden ist. Wie die §§ 58, 74 LandbeschaffG und § 136 BRRG zeigen, wurde die Verwaltungsgerichtsordnung bereits (lange) vor ihrem Inkrafttreten für anwendbar erklärt, für die Übergangszeit aber auf das Gesetz über das Bundesverwaltungsgericht und die landesrechtlichen Vorschriften über die Verwaltungsgerichtsbarkeit verwiesen. Daß auch andere als allgemeine Verwaltungsgerichte nach der Verwaltungsgerichtsordnung verfahren können, beweisen die §§ 65 I, 66 I 1 DRG.

Erstes Kapitel

Gegenstand und Begriff der Zulassungsstreitigkeiten

§ 1 Die anwaltliche Berufszulassung und Berufsausübung als Gegenstand gesetzlicher Regelung

I. Notwendigkeit einer gesetzlichen Regelung des Anwaltsberufs

Die anwaltliche Berufszulassung und Berufsausübung ist seit langem Gegenstand eingehender gesetzlicher Regelung[1]. Das hat seinen guten Grund. Denn spätestens seit den Reichsjustizgesetzen ist der Rechtsanwalt ein „wichtiges und unentbehrliches Organ der Rechtspflege"[2], ein „notwendiger Faktor der Gerichtsverfassung"[3], ein „Fundament unserer Justiz"[4]. Ohne ihn darf vielfach nicht prozessiert werden[5], und auch dort, wo das Gesetz seine Mitwirkung nicht bindend vorschreibt, ist er zumindest für ungewandte Rechtssuchende kaum zu entbehren[6]. Es dem

---

[1] Vgl. *Weissler:* Geschichte der Rechtsanwaltschaft (1905); *Döhring:* Geschichte der deutschen Rechtspflege seit 1500 (1953), S. 111 ff.; *Rosenberg:* Lehrbuch des deutschen Zivilprozeßrechts (9. Aufl. 1961), § 28 I 2; *Kern:* Gerichtsverfassungsrecht (3. Aufl. 1959), S. 234 ff. Über die Entwicklung, besonders der Ehrengerichtsbarkeit, vgl. *Ostermann:* Der Rechtscharakter der Ehrengerichte für Rechtsanwälte und der Berufsgerichte der Heilberufe (Diss. Münster 1962), S. 12 ff.

[2] *Rosenberg*, § 28 II. Vgl. auch *Habscheid*, NJW 1962, 1958.

[3] *Friedländer:* Kommentar zur Rechtsanwaltsordnung vom 1. Juli 1878 (3. Aufl. 1930), Allgemeine Einleitung Rdnr. 9.

[4] *Czermak:* BT-Prot. II, S. 4327 (B).

[5] Eine Vertretung ausschließlich durch Anwälte (absoluter Anwaltszwang) kennen § 78 I ZPO, § 11 II 1 ArbGG, §§ 67 I 1, 75 V GWB, § 41 r V 1 PatG, § 29 LwVG, während eine Vertretung durch Anwälte oder sonstige besonders qualifizierte Personen (relativer Anwaltszwang) gefordert wird in §§ 138, 140 StPO, § 166 SGG, § 11 II 2 ArbGG, § 22 I BVerfGG, § 67 I 1 VwGO, § 14 I Bad.-Württ. StGHG, § 20 I Hamb. VerfGG, § 18 I 1 NRW VGHG, § 13 I Saarl. VGHG. Vgl. auch *Levin:* Die rechtliche und wirtschaftliche Bedeutung des Anwaltszwanges (1916). Zur Verfassungsmäßigkeit des Anwaltszwangs im Verwaltungsstreitverfahren BVerwG, MDR 1960, 948.

[6] Deshalb soll nach *(Maunz)-Dürig:* Kommentar zum Grundgesetz (1959 ff.), Art. 103 Rdnr. 78, und *Ule*, DVBl. 1959, 544 sub 6, der Anspruch auf rechtliches

Zufall zu überlassen, von wem und in welcher Weise dieser Beruf ausgeübt wird, wäre deshalb ohne ernstliche Gefährdung der staatlichen Rechtspflege nicht möglich[7].

II. Die neuere Entwicklung des anwaltlichen Berufsrechts

So erklärt es sich, daß am 1. Oktober 1879 zusammen mit den Reichsjustizgesetzen eine reichseinheitliche Rechtsanwaltsordnung in Kraft trat[8], die den Beruf des Rechtsanwalts staatlich band[9]: Ohne Beamter zu sein und ohne ein Amt zu haben[10], war (und ist) er kraft eines besonderen Rechtsverhältnisses des öffentlichen Rechtes dem Staat für seine Tätigkeit verantwortlich[11]. Diese Rechtsanwaltsordnung blieb bis in das Jahr 1933 erhalten[12], wurde dann mehrfach im nationalsozialistischen Sinne umgestaltet[13] und schließlich 1936 als „Reichs"rechtsanwaltsordnung neu bekanntgemacht[14]. Als solche galt sie bis zum Zusammenbruch von 1945, um dann durch eine Vielzahl partikularer und teilweise divergierender Ordnungen ersetzt zu werden[15]. Schon bald nach Errichtung der Bundesrepublik wurde deshalb mit den Arbeiten an einer Bundesrechtsanwaltsordnung begonnen. Aber vielerlei Hindernisse, die

---

Gehör des Art. 103 I GG auch das Recht enthalten, sich vor Gericht durch einen Anwalt vertreten zu lassen. *Arndt*, NJW 1959, 7 f., findet dort sogar eine „institutionelle Garantie der unabhängigen Rechtsanwaltschaft und der Freiheit in der Wahl des Rechtsanwalts". Vgl. auch *Hennecke*: Rechtsanwälte und Sozialgerichtsbarkeit, MDR 1956, 201.

[7] Vgl. Bundesjustizminister *Neumayer*, BT-Prot. II, S. 4310 (B, C), der auf den engen Zusammenhang von Anwalts- und Zulassungszwang hinweist. Allgemein über die Bedeutung der Anwaltschaft unterrichten *Benedict*: Die Advokatur unserer Zeit (4. Aufl. 1912); *Kneer*: Der Rechtsanwalt (1928); *Magnus*: Die Rechtsanwaltschaft (1929).

[8] Vom 1. Juli 1878 (RGBl. S. 177).

[9] *Triepel*: Staatsdienst und staatlich gebundener Beruf, Festschrift für Karl Binding, Bd. II (1911), S. 1 ff., S. 15; *E. R. Huber*: Wirtschaftsverwaltungsrecht, Bd. I (1953), S. 769 sub c; *Bachof*: Freiheit des Berufs, Die Grundrechte, Bd. III/1 (1958), S. 155 ff., S. 184.

[10] Dazu *Pfennig*: Der Begriff des öffentlichen Dienstes und seiner Angehörigen (1959), S. 53 ff. Die Frage ist seit jeher streitig. Vgl. die Nachweise bei *Friedländer*: Allgemeine Einleitung, Rdnr. 9 Anm. 6 und 7.

[11] Ähnlich die bekannte Formulierung *Triepels*, a.a.O., S. 66.

[12] Genauer und vollständiger Nachweis aller Änderungen bis 1930 bei *Friedländer*, Allgemeine Einleitung Rdnr. 7, und, wenngleich kürzer, in BT-Drucks. III Nr. 120 (S. 44 Anm. 1).

[13] Nachweise in BT-Drucks. III Nr. 120 (S. 44 Anm. 1).

[14] Am 12. 2. 1936 (RGBl. I S. 107). Über die späteren Änderungen und Ergänzungen vgl. BT-Drucks. III Nr. 120 (S. 44 Anm. 1).

[15] Nachweis in BT-Drucks. III Nr. 120 (S. 44 f.) und § 232 BRAO; vgl. ferner

§ 2 Die Berufsregelung nach der Bundesrechtsanwaltsordnung

aufzuzeigen hier nicht der Ort ist[16], zögerten ihre Fertigstellung und Verkündung bis zum 1. August 1959 hinaus. Zwei Monate später trat sie in Kraft, auf den Tag achtzig Jahre nach dem für die Geschichte der deutschen Rechtspflege so denkwürdigen 1. Oktober 1879.

§ 2 Berufszulassung und Berufsausübung nach der Bundesrechtsanwaltsordnung

Auch die Bundesrechtsanwaltsordnung regelt — unter dem sprachlich allerdings zu engen Oberbegriff der Zulassungssache[1] — eingehend Berufszulassung und Berufsausübung. Sie greift dabei in vielfältiger

---

Ranz: Das Anwaltsrecht in den Ländern des Bundesgebietes (1950); *Fischer,* MDR 1947, 180; *Cüppers,* NJW 1949, 363; *Wolff,* NJW 1950, 324; *Greiff,* NJW 1958, 1565.

[16] Ein anschauliches Bild vermittelt der parlamentarische Werdegang des Gesetzes, dessen dritter (!) Entwurf schließlich verabschiedet wurde.
Erster Entwurf: BR-Drucks. 1952 Nr. 258, BT-Drucks. I Nr. 3650; Beratung im BR, Prot. 1952, S. 356, Ergebnisse in BT-Drucks. I Nr. 3650 Anl. 3 mit Stellungnahme der BReg. in Anl. 4; erste Lesung BT-Prot. I S. 10 629.
Zweiter Entwurf: BR-Drucks. 1954 Nr. 325, BT-Drucks. II Nr. 1014 mit Anl. 1; Beratung im BR, Prot. 1954 S. 296, Ergebnisse in BT-Drucks. II Nr. 1014 Anl. 2; erste Lesung, BT-Prot. II S. 4309.
Dritter Entwurf: BR-Drucks. 1957 Nr. 461, BT-Drucks. III Nr. 120; Beratung im BR, Prot. 1957 S. 857, Ergebnisse in BT-Drucks. III Nr. 120 Anl. 2 mit Stellungnahme der BReg. in Anl. 3; erste Lesung, BT-Prot. III S. 226; Bericht des Rechtsausschusses, BT-Drucks. III Nr. 778; zweite Lesung, BT-Prot. III S. 3311 und 3359, Ergebnisse in BT-Drucks. III Nr. 878; dritte Lesung, BT-Prot. III S. 3532, Ergebnisse in BR-Drucks. 1959 Nr. 97. Beratung im BR-Prot. 1959 S. 59 mit Anrufung des Vermittlungsausschusses. Änderungswünsche in BT-Drucks. III Nr. 1013. Bericht des Vermittlungsausschusses, BT-Drucks. III Nr. 1033 und BR-Drucks. 1959 Nr. 203. Erneute Beratung, BT-Prot. III S. 3676, BR-Prot. 1959 S. 93. Vgl. aus dem Schrifttum zum Entstehen der Bundesrechtsanwaltsordnung: *Arnold,* Anw. Bl. 1959, 27; *Brandi:* Von der Freiheit der Advokatur, in: Gedenkschrift für Cüppers, (1953), S. 13 ff.; *Brangsch,* Anw. Bl. 1958, 25; *Bülow,* BAnz. 1952 Nr. 167 (S. 5); 1954 Nr. 233 (Beilage); Bulletin 1952, 842, 853; *Deutscher Anwaltverein,* Anw. Bl. 1955, 27; 1958, 49; *Dix,* NJW 1952, 121; *Erdsiek,* JZ 1955, 666; 1956, 113; *Erler:* Denkschrift (1950); Freiheit und Grenzen berufsständischer Selbstverwaltung (1952); *Fischer,* MDR 1950, 724; *Fischinger,* JZ 1900, 47; *Friedländer,* JZ 1955, 11, 414; 1956, 112; *Gause,* DRiZ 1959, 376; ZBR 1959, 321; *Hamann,* NJW 1958, 811; *Heimerich,* BB 1959, 785; *Heinrich,* JZ 1956, 318; *Heins,* NJW 1950, 617; 1955, 281; 1958, 201; 1959, 1345 *Hirschmann,* SchlHA 1959, 183; *Holste,* Anw. Bl. 1956, 33; *Imme,* JR 1957, 281; *Kalsbach:* Über Fragen des rechtsanwaltlichen Standesrechts (1956); Standesrecht des Rechtsanwalts (1956); *Kregel,* DRiZ 1956, 25; *Lappe,* DRpfl. 1959, 333; *Mittelstein,* MDR 1959, 811; *Neuhäuser,* Anw. Bl. 1956, 54; *Ostler,* JR 1958, 441; *Redeker,* JZ 1954, 625, 738; *Reuss,* JR 1953, 253; *Roesen,* Anw. Bl. 1957, 174; *von Sauer,* Anw. Bl. 1950, 4; 1954, 185; *Schmelzeisen,* AcP 151, 434; *von Schönberg,* JZ 1953, 24; *Schultz,* MDR 1950, 533, 600; *Weber,* Anw. Bl. 1959, 233; *Wecks,* BB 1955, 424; *Wolff,* NJW 1950, 324.

[1] Vgl. die amtliche Überschrift vor § 37.

Weise in die von Art. 12 I GG auch für die anwaltliche Tätigkeit gewährleistete Berufsfreiheit ein[2].

I. Regelung der Berufsaufnahme

Zur Berufsaufnahme bedarf es einer Zulassung als Rechtsanwalt, die rechtlich in drei selbständige Akte zerlegt ist: die Zulassung zur Rechtsanwaltschaft (§§ 4 ff.), die Zulassung bei einem Gericht (§§ 18 ff.) und die Eintragung in die Liste der Rechtsanwälte (§§ 31 f.).

1. Zulassung zur Rechtsanwaltschaft

Mit der Zulassung zur Rechtsanwaltschaft wird der Bewerber in den Anwaltsstand aufgenommen, darf sich „Rechtsanwalt" nennen und unterliegt den anwaltlichen Standespflichten[3].

a) Voraussetzungen der Zulassung

Die Zulassung zur Rechtsanwaltschaft ist rechtlich gebunden (§ 6 II): Sie darf nur und muß (auf Antrag) erfolgen, wenn der Bewerber „die Befähigung zum Richteramt nach dem Deutschen Richtergesetz erlangt hat"[4], der Vorstand der Rechtsanwaltskammer kein Negativgutachten erstattet hat[5] und in der Person des Bewerbers keiner der in der Bundesrechtsanwaltsordnung aufgezählten Versagungsgründe vorliegt[6], §§ 4, 8, 9.

---

[2] Daß Art. 12 I GG allen staatlich gebundenen Berufen, der anwaltlichen Tätigkeit im besonderen, zugute kommt, ist heute anerkannt: *BVerfGE* 7, 377; *BVerwGE* 2, 151 = JZ 1956, 30 = MDR 1956, 74; *OVG Münster*, JZ 1953, 608; *Hamann:* Deutsches Wirtschaftsverfassungsrecht (1958), S. 117; NJW 1958, 811; Das Grundgesetz (2. Aufl. 1961), Art. 12 Erl. B 2 b; *Bachof*, Grundrechte III/1, S. 184. Früher war diese Frage umstritten. Vgl. *BVerwGE* 4, 254; 6, 72 (74); *OVG Rheinland-Pfalz* 3, 364; *Werner*, DVBl. 1955, 564.

[3] *Kalsbach:* Kommentar zur Bundesrechtsanwaltsordnung (1960), § 12 Erl. 3.

[4] Ausnahmen bestehen nach den §§ 208, 209 für Verwaltungsrechtsräte und Personen mit der Befähigung zum höheren Verwaltungsdienst. Im übrigen kommt es nicht darauf an, in welchem Bundesland die Befähigung zum Richteramt erworben worden ist. Ob dieses in § 5 niedergelegte Prinzip der Freizügigkeit von Verfassungs wegen eingeschränkt werden darf, ist umstritten. Dafür *BVerwGE* 2, 151 = MDR 1956, 74 = JZ 1956, 300 = NJW 1956, 234; *Bay. VerfGH* in VGH n. F. 2 II 127 (129); Bay. GVBl. 1951, 43 (55); *OLG Neustadt*, JZ 1951, 231 mit krit. Anm. *Ruscheweyh; Ipsen:* Gleichheit (Die Grundrechte, Bd. II (1954), S. 111 ff.), S. 188; dagegen *Württ.-Bad. VGH*, NJW 1950, 837.

[5] Dazu alsbald sub (2).

[6] Es gibt heute keine fakultativen Versagungsgründe mehr, es sei denn auf-

§ 2 Die Berufsregelung nach der Bundesrechtsanwaltsordnung

(1) § 7 bestimmt, daß die Zulassung zur Rechtsanwaltschaft zu versagen ist, wenn der Bewerber nach der Entscheidung des Bundesverfassungsgerichts ein Grundrecht verwirkt hat (Nr. 1), infolge strafgerichtlicher Verurteilung die Fähigkeit zur Bekleidung öffentlicher Ämter nicht besitzt (Nr. 2), durch rechtskräftiges Urteil aus der Rechtsanwaltschaft ausgeschlossen ist (Nr. 3)[7], in einem Dienststrafverfahren durch rechtskräftiges Urteil mit der Entfernung aus dem Dienst in der Rechtspflege bestraft worden ist (Nr. 4), sich eines Verhaltens schuldig gemacht hat, das ihn unwürdig erscheinen läßt, den Beruf eines Rechtsanwalts auszuüben (Nr. 5)[8], die freiheitliche demokratische Grundordnung in strafbarer Weise bekämpft (Nr. 6), infolge eines körperlichen Gebrechens oder wegen Schwäche seiner geistigen Kräfte dauernd unfähig ist, den Beruf eines Rechtsanwalts ordnungsmäßig auszuüben (Nr. 7), eine Tätigkeit ausübt, die mit dem Beruf eines Rechtsanwalts oder mit dem Ansehen der Rechtsanwaltschaft nicht vereinbar ist (Nr. 8)[9], infolge gerichtlicher Anordnung in der Verfügung über sein Vermögen beschränkt ist (Nr. 9) oder Richter oder Beamter ist, es sei denn, er nimmt die ihm übertragenen Aufgaben ehrenamtlich wahr oder ist Wartestands- oder Beamter zur Wiederverwendung (Nr. 10, § 210).

(2) Die Zulassungsbehörde[10] holt nach § 8 II vor ihrer Entscheidung vom Vorstand der Rechtsanwaltskammer, in deren Bezirk der Bewerber örtlich zugelassen werden will, ein Gutachten ein, in welchem zu allen Versagungsgründen, die in der Person des Bewerbers vorliegen können, gleichzeitig Stellung genommen werden soll. Das hat nach § 9 die

---

grund der nach § 234 aufrechterhaltenen landesrechtlichen Bestimmungen über den Abschluß der politischen Befreiung.

[7] Dazu *BGHZ* 34, 235 = NJW 1961, 919 = BB 1961, 497 = MDR 1961, 409 = LM Nr. 7 zu § 7 BRAO.

[8] Dazu *BGHZ* 34, 352 = NJW 1961, 920 = BB 1961, 496 = MDR 1961, 409 = LM Nr. 8 zu § 7 BRAO = Anw. Bl. 1961, 92.

[9] Vgl. dazu, insbesondere zur Zulässigkeit des sog. Syndikus-Anwaltes: *BGHZ* 33, 266 = NJW 1961, 216 = MDR 1961, 142 = BB 1961, 6 = LM Nr. 1 zu § 7 BRAO; 33, 272 = NJW 1961, 218 = MDR 1961, 143 = BB 1961, 5 = LM Nr. 2 zu § 7 BRAO; 33, 276 = NJW 1961, 276 = MDR 1961, 143 = BB 1961, 5 = LM Nr. 3 zu § 7 BRAO; MDR 1961, 501 = BB 1961, 496 = LM Nr. 6 zu § 7 BRAO; 34, 342 = NJW 1961, 921 = MDR 1961, 501 = BB 1961, 497 = LM Nr. 4 zu § 7 BRAO; 34, 382 = NJW 1961, 1211 = BB 1961, 615 = MDR 1961, 597 = LM Nr. 5 zu § 7 BRAO = Nr. 1 zu Art. 96 GG; 35, 385 = NJW 1961, 1723 = MDR 1961, 934 = BB 61, 879 = LM Nr. 11 zu § 7 BRAO; 35, 119 = MDR 1961, 686 = BB 1961, 729 = LM Nr. 9 zu § 7 BRAO; 35, 205 = NJW 1961, 1577 = BB 1961, 801 = MDR 1961, 766 = LM Nr. 10 zu § 7 BRAO; 35, 287 = NJW 1961, 1863 = BB 1961, 988 = LM Nr. 12 zu § 7 BRAO; NJW 1962, 47 = BB 1961, 1215; 36, 36 = NJW 1962, 204 = MDR 1962, 50 = BB 1962, 1291 = LM Nr. 13 zu § 7 BRAO; NJW 1962, 202 = MDR 1962, 50 = LM Nr. 8 zu § 22 FGG; 36, 71 = NJW 1962, 204 = MDR 1962, 127 = BB 1962, 2 = LM Nr. 14 zu § 7 BRAO. Vgl. ferner *Wecks*, BB 1955, 424; *Brandi*, NJW 1961, 360; *Reuter*, NJW 1961, 909.

[10] Dazu unten sub b.

folgende rechtliche Bedeutung: Wird das Vorliegen eines Versagungsgrundes verneint oder einer der in § 7 Nr. 1 bis 4, 9 oder 10 genannten Gründe bejaht, so ist die Zulassungsbehörde bei ihrer Entscheidung an das Gutachten des Kammervorstandes nicht gebunden, dem insoweit nur eine unverbindlich unterrichtende Funktion zukommt. Anders ist es hingegen bei den Versagungsgründen der Nr. 5 bis 8 des § 7. Wird einer von ihnen von dem Kammervorstand für gegeben erachtet, dann muß die Zulassungsbehörde die Entscheidung über den Zulassungsantrag aussetzen und dem Bewerber eine Abschrift des Gutachtens zustellen, sofern sie die Zulassung nicht bereits aus anderen Gründen verweigern will. Die Zulassungsbehörde ist insoweit an das Gutachten des Kammervorstandes gebunden, dessen Richtigkeit sie nicht nachzuprüfen braucht und nicht nachprüfen darf (arg. § 9). Liegt zu den Gründen der Nr. 5 bis 8 des § 7 ein Negativgutachten vor, dann darf sie auf keinen Fall den Bewerber zulassen. Das Nichtvorliegen dieses Negativgutachtens erweist sich damit als (weitere) absolute Zulassungsvoraussetzung.

b) Zuständigkeit zur Zulassung

Zuständig für die Zulassung zur Rechtsanwaltschaft ist die oberste Landesbehörde der Justiz[11], sofern sie nicht gem. § 224 ihre Befugnisse auf nachgeordnete Behörden — regelmäßig den Oberlandesgerichtspräsidenten — übertragen hat[12].

2. Örtliche Zulassung bei einem Gericht

Jeder Rechtsanwalt muß nach § 18 I bei einem bestimmten Gericht der ordentlichen Gerichtsbarkeit zugelassen sein. Durch diese örtliche Zulassung, die regelmäßig nur bei einem Gericht möglich ist (Singularzulassung[13]), nach den §§ 23, 24, 226, 227 ausnahmsweise aber auch bei mehreren Gerichten erfolgen kann (Simultanzulassung), wird der

---

[11] Eine Zuständigkeit des Bundes zur Zulassung zur Rechtsanwaltschaft besteht auch bei den Rechtsanwälten am Bundesgerichtshof nicht. Auch sie sind von einer Landesjustizverwaltung zur Rechtsanwaltschaft und daneben örtlich von der Bundesjustizverwaltung beim Bundesgerichtshof zuzulassen. Unzutreffend deshalb *Rosenberg*, § 28 III 1.

[12] Das ist in einigen Bundesländern ganz oder teilweise geschehen; vgl. für die Einzelheiten: *Bayern*, VO vom 17. 12. 1959 (GVBl. S. 325); *Berlin*, AV vom 5. 12. 1959 (ABl. S. 1096); *Hessen*, RdErl. MdJ vom 3. 9. 1959 (JMBl. S. 70); *Niedersachsen*, AnO MdJ vom 27. 8. 1959 (Nds. RPfl. S. 193); *Nordrhein-Westfalen*, VO vom 2. 11. 1959 (GVBl. S. 149); *Rheinland-Pfalz*, LV JM vom 20. 10. 1959 (JBl. S. 165).

[13] Die nach *BVerwG*, MDR 1961, 790 mit Art. 12 I GG vereinbar ist.

§ 2 Die Berufsregelung nach der Bundesrechtsanwaltsordnung 25

Rechtsanwalt (Zwangs-)Mitglied[14] der örtlichen Rechtsanwaltskammer, §§ 60, 174.

a) Örtliche Zulassung und Zulassung zur Rechtsanwaltschaft

Zwischen der örtlichen Zulassung bei einem Gericht und der überörtlichen Zulassung zur Rechtsanwaltschaft besteht eine wechselseitige Abhängigkeit, so daß keine ohne die andere entstehen oder fortbestehen kann. Die örtliche Zulassung wird gleichzeitig mit der Zulassung zur Rechtsanwaltschaft erteilt (§ 18 II), erlischt zugleich mit dieser (§ 34), ist nur beim Zulassungswechsel verzichtbar (§ 18 III)[15], und ihre Rücknahme hat, wie § 14 Nr. 7 zeigt, auch die Rücknahme der Zulassung zur Rechtsanwaltschaft zur Folge.

b) Voraussetzungen der örtlichen Zulassung

Die örtliche Zulassung kann nach § 19 III nur unter den Voraussetzungen des § 20 I versagt werden: wenn der jetzige oder frühere Ehegatte des Antragstellers bei diesem Gericht tätig oder ein sonstiger naher Angehöriger dort Richter ist; bei einem Amts- oder Landgericht, falls der Bewerber innerhalb der letzten fünf Jahre in dem Bezirk des (übergeordneten) Landgerichts als Richter oder Beamter auf Lebenszeit angestellt war; bei einem Oberlandesgericht, wenn er nicht bereits fünf Jahre bei einem unteren Gericht als Rechtsanwalt tätig gewesen ist[16].

c) Zuständigkeit zur örtlichen Zulassung

Zuständig ist für die örtliche Zulassung bei einem Amts-, Land- oder Oberlandesgericht die oberste Landesbehörde der Justiz oder die von ihr gemäß § 224 ermächtigte nachgeordnete Behörde.

d) Örtliche Zulassung beim Bundesgerichtshof

Eine örtliche Zulassung ist auch die Zulassung beim Bundesgerichtshof[17].

---

[14] Ein Verstoß gegen Art. 9 GG liegt darin nicht. Vgl. *von Mangoldt-Klein:* Das Bonner Grundgesetz (2. Aufl., Bd. I 1957), Art. 9 Anm. III 8; *LG Göttingen,* MDR 1958, 526.

[15] Aber auch dann wird nach § 33 IV die bisherige örtliche Zulassung erst zurückgenommen, wenn der Anwalt bei einem anderen Gericht zugelassen ist. Ein Verzicht muß entgegen § 18 III ferner zulässig sein, wenn der Anwalt eine von mehreren simultanen Zulassungen aufgeben will.

[16] Gegen diese Wartezeit sollen nach *BGH,* NJW 1962, 1821, keine verfassungsrechtlichen Bedenken bestehen.

[17] So auch *Bülow:* Bundesrechtsanwaltsordnung (1959), § 164 Erl. 1, während

(1) Sie ist nach § 171 nur als Singularzulassung möglich. Ergänzt wird diese Bestimmung durch § 172, der die Vertretungsbefugnis der bei dem Bundesgerichtshof zugelassenen Rechtsanwälte auf die oberen Bundesgerichte, das Bundesverfassungsgericht und die von diesen ersuchten Richter beschränkt.

(2) Die Zulassung bei dem Bundesgerichtshof setzt nach den §§ 166 III, 164 voraus, daß der Bewerber das fünfunddreißigste Lebensjahr vollendet hat, den Anwaltsberuf seit mindestens fünf Jahren ohne Unterbrechung ausübt und von dem Wahlausschuß für Rechtsanwälte benannt ist. Ein Anspruch auf Zulassung bei dem Bundesgerichtshof besteht nach § 168 III für den Bewerber auch nach der Benennung durch den Wahlausschuß nicht.

(3) Zulassungsorgane sind der Bundesminister der Justiz und der Wahlausschuß. Dem Bundesminister der Justiz obliegt nach § 170 I die Entscheidung über den Zulassungsantrag. Zu diesem Zwecke benennt ihm der Wahlausschuß gem. § 168 II die doppelte Zahl von Rechtsanwälten, die der Ausschuß für die Zulassung beim Bundesgerichtshof für angemessen hält[18]. Der Wahlausschuß besteht nach § 165 aus dem Präsidenten und den Senatspräsidenten der Zivilsenate des Bundesgerichtshofes sowie den Mitgliedern der Präsidien der Bundesrechtsanwaltskammer und der Rechtsanwaltskammer bei dem Bundesgerichtshof. Er ist bei seiner Auswahl an Vorschlagslisten gebunden, die von der Bundesrechtsanwaltskammer auf Grund von Vorschlägen der regionalen Rechtsanwaltskammern sowie von der Rechtsanwaltskammer beim Bundesgerichtshof eingereicht werden.

3. Eintragung in die Liste der Rechtsanwälte

Erst der dritte Akt, die Eintragung in die Liste der Rechtsanwälte bei dem (den) Gericht(en) der örtlichen Zulassung verleiht nach § 32 I die Befugnis, die Anwaltstätigkeit auszuüben. Sie darf gemäß § 31 II erst nach der Vereidigung und der Erfüllung der Residenz- und Kanzleipflicht vorgenommen werden. Das eintragende Gericht fungiert dabei als der Zulassungsbehörde nachgeordnete Justizbehörde.

Rosenberg, § 28 III 1, sie unzutreffend als einen Fall der Zulassung zur Rechtsanwaltschaft ansieht.
[18] Nach *Bülow*, § 170 Erl. 1, ist der Bundesminister der Justiz verpflichtet, die Hälfte der ihm vorgeschlagenen Bewerber zu ernennen.

II. Regelung der Berufsausübung

Die Regelung der Berufsausübung interessiert hier nur insoweit, als die Bundesrechtsanwaltsordnung die zweite Gewalt zu Eingriffen in die anwaltliche Berufsfreiheit ermächtigt.

1. Berufsregelung durch Organe der anwaltlichen Selbstverwaltung

Freiheitseingriffe und Freiheitsbeschränkungen durch die Organe der anwaltlichen Selbstverwaltung sind vor allem denkbar im Zusammenhang mit der primär ihnen obliegenden Aufgabe (§ 73 II Nr. 4)[19], die Einhaltung der anwaltlichen Standespflichten[20] zu überwachen. Zu diesem Zwecke kann der Kammervorstand (§§ 56, 57, 74) einen Anwalt vorladen, Auskunft und Vorlage der Handakten verlangen, diese Anordnungen mit Geldstrafen erzwingen und Standeswidrigkeiten leichter Art selbst rügen[21]. Bei schweren Verstößen kann er bei der Staatsanwaltschaft die Einleitung eines ehrengerichtlichen Verfahrens beantragen und notfalls mit Hilfe eines besonderen Klageerzwingungsverfahrens (§ 122) durchsetzen[22].

2. Berufsregelung durch Organe der Justiz

Zu Eingriffen der Justizverwaltung kommt es, wenn sie gesetzlich zugelassene Befreiungen von berufsregelnden Geboten oder Verboten verweigert oder bereits erteilte Befreiungen oder Dispense widerruft. Hier ist an die Residenz- und Kanzleipflicht, das Verbot von Zweigstellen und auswärtigen Sprechtagen sowie an die zahlreichen Maßnahmen im Zusammenhang mit der Bestellung eines Anwaltsvertreters zu denken, §§ 28 bis 30, 53, 161, 213.

---

[19] Diese Übertragung ist, wie auch die sonstige Zuständigkeitsverteilung zwischen Justiz- und Selbstverwaltung, nach *Erler:* Freiheit und Grenzen berufsständischer Selbstverwaltung, S. 28, das Ergebnis rechtspolitischer, nicht aber rechtslogischer oder gar verfassungsrechtlicher Entscheidung.

[20] Vgl. dazu die Generalnorm des § 43 und die „Richtlinien für die Ausübung des Anwaltsberufs", wiedergegeben mit ausführlicher Kommentierung bei *Kalsbach* nach § 43. Allgemein zu diesem Thema: Imme, JR 1957, 281; *Kalsbach:* Über Fragen des rechtsanwaltlichen Standesrechts; Standesrecht des Rechtsanwalts.

[21] Dazu *BVerwG*, JZ 1961, 638.

[22] Vgl. *Kleiss:* Klageerzwingung im Ehrengerichtsverfahren, NJW 1961, 910.

III. Regelung der Berufsbeendigung

Eingehend geregelt ist die Berufsbeendigung durch Tod, Verzicht oder zwangsweise Berufsentfernung, die alle (schließlich) zur Löschung in der Liste der Rechtsanwälte führen.

1. Berufsbeendigung durch Tod oder Verzicht

Beim Tod eines Rechtsanwaltes erfolgt nach § 36 I unmittelbar seine Löschung in der Liste der Rechtsanwälte. Verzichtet der Rechtsanwalt schriftlich auf die Rechte aus der Zulassung, so hat das nach § 14 I Nr. 5 die Zurücknahme dieser Zulassung zur Folge; mit der Rücknahme erlischt kraft Gesetzes (§ 34 Nr. 2) die örtliche Zulassung; nach § 36 I Nr. 1 wird der Anwalt nunmehr in der Liste der Rechtsanwälte gelöscht.

2. Berufsbeendigung durch Berufsentfernung

Die zwangsweise Berufsentfernung beginnt mit der Beseitigung der einen oder der anderen der beiden Zulassungen.

a) Beseitigung der Zulassung zur Rechtsanwaltschaft

Die Zulassung zur Rechtsanwaltschaft erlischt nach § 13 kraft Gesetzes bei rechtskräftigem Ausschluß aus der Rechtsanwaltschaft, auf den nach § 114 I Nr. 4 als schwerste ehrengerichtliche Strafe erkannt werden kann. Der Ausschluß wird gemäß § 204 I 1 mit der Rechtskraft des Urteils wirksam. Im übrigen kann die Zulassung zur Rechtsanwaltschaft nur durch Rücknahme beseitigt werden, die unter den Voraussetzungen des § 14 I zwingend vorgeschrieben ist[23]: unter anderem, wenn zu der Zeit, als die Zulassung erteilt wurde, nicht bekannt war, daß Umstände vorlagen, aus denen sie hätte versagt werden müssen (Nr. 1); wenn der Anwalt nach der Entscheidung des Bundesverfassungsgerichts ein Grundrecht verwirkt hat (Nr. 2), infolge strafgerichtlicher Verurteilung die Fähigkeit zur Bekleidung öffentlicher Ämter verloren hat (Nr. 3), infolge eines körperlichen Gebrechens oder wegen Schwäche seiner geistigen Kräfte dauernd unfähig ist, den Beruf eines Rechtsanwalts ordnungsmäßig auszuüben, und sein weiteres Verbleiben in der Rechtsanwaltschaft die Rechtspflege gefährdet (Nr. 4) oder er zum Richter oder Beamten auf Lebenszeit ernannt wird und nicht auf die Rechte aus der

---

[23] Vgl. aber § 14 II.

§ 2 Die Berufsregelung nach der Bundesrechtsanwaltsordnung 29

Zulassung zur Rechtsanwaltschaft verzichtet (Nr. 6)[24]. Nach § 15 kann die Zulassung zur Rechtsanwaltschaft zurückgenommen werden, wenn der Rechtsanwalt infolge gerichtlicher Anordnung in der Verfügung über sein Vermögen beschränkt wird, in Vermögensverfall geraten ist und dadurch die Interessen der Rechtspflege gefährdet oder eine Tätigkeit ausübt, die mit dem Beruf eines Rechtsanwalts oder dem Ansehen der Rechtsanwaltschaft nicht vereinbar ist. Beides, das Erlöschen nach § 13 und die Rücknahme nach den §§ 14, 15 läßt gemäß § 34 die örtliche Zulassung erlöschen und führt nach § 36 I zur Löschung in der Liste der Rechtsanwälte.

b) Beseitigung der örtlichen Zulassung

Die zwangsweise Berufsentfernung beginnt in den Fällen des § 35 mit der Rücknahme der örtlichen Zulassung: unter anderem, wenn der Rechtsanwalt nicht binnen bestimmter Zeit seinen Eid leistet (Nr. 1), seinen Wohnsitz in dem Oberlandesgerichtsbezirk nimmt oder seiner Kanzleipflicht nachkommt (Nr. 2). Gesetzliche Folge der Rücknahme der örtlichen Zulassung ist nach § 14 I Nr. 7 die Rücknahme auch der Zulassung zur Rechtsanwaltschaft, an die sich nach § 36 wiederum die Löschung in der Liste der Rechtsanwälte anschließt.

3. Folgen der Berufsbeendigung

Mit der Berufsbeendigung erlischt nach § 17 auch die Befugnis, sich weiter „Rechtsanwalt" zu nennen. Bei Anwälten, die wegen hohen Alters oder körperlicher Leiden auf ihre Zulassung verzichtet haben, kann die Justizverwaltung eine Ausnahme zulassen.

IV. Regelung der Berufsabwicklung

Der Berufsbeendigung folgt die Berufsabwicklung. Dazu kann die Justizverwaltung nach § 55 einen Anwaltsvertreter bestellen, der zunächst auch neue Aufträge annehmen kann. Er arbeitet auf eigene Rechnung, muß sich aber bereits gezahlte Vorschüsse anrechnen lassen. Abweichende Vereinbarungen bedürfen der Genehmigung des Kammervorstandes.

---

[24] Zu § 14 Nr. 6 vgl. *BGHZ* 35, 190 = NJW 1961, 1580 = MDR 1961, 766 = LM Nr. 1 zu § 14 BRAO.

Erstes Kapitel: Gegenstand u. Begriff d. Zulassungsstreitigkeiten

§ 3 Begriff der Zulassungsstreitigkeit

Aus dem Begriff der Zulassungssache folgt der Begriff der Zulassungsstreitigkeit. Es sind Rechtsstreitigkeiten aus dem Vollzug der Bundesrechtsanwaltsordnung zwischen Anwälten, Anwaltsbewerbern oder Anwaltsvertretern und den Organen der berufsregelnden zweiten Gewalt als solchen, sofern es sich nicht um die Geltendmachung von Amtshaftungsansprüchen handelt.

I. Beschränkung auf Streitigkeiten mit Anwälten Anwaltsbewerbern oder Anwaltsvertretern

Die Rechtsschutzsuchenden müssen Anwälte, Anwaltsbewerber oder Anwaltsvertreter[1] als solche, d. h. in ihrer anwaltlichen Eigenschaft sein. Rechtsschutzgesuche anderer Personen lösen keine Zulassungsstreitigkeiten aus. Deshalb führt es nicht zu einer Zulassungsstreitigkeit, wenn quivis ex populo gemäß § 76 III von dem Vorstand der Rechtsanwaltskammer eine Aussagegenehmigung für ein Mitglied des Kammervorstandes begehrt. Das gleiche gilt, wenn die Aussagegenehmigung von dem anwaltlichen Vorstandsmitglied selbst beantragt wird; denn er stellt dieses Verlangen nicht in beruflicher Eigenschaft, sondern als privater Prozeßführender.

II. Beschränkungen auf Rechtsverletzungen durch Organe der berufsregelnden zweiten Gewalt

Der Rechtsschutz muß gegenüber einem Organ der berufsregelnden zweiten Gewalt als solchem, regelmäßig also gegenüber einer Justizverwaltungsbehörde oder einer Rechtsanwaltskammer, begehrt werden.

1. Keine Ausdehnung auf richterliche Rechtsverletzungen

Nicht erfaßt von dem Begriff der Zulassungsstreitigkeit werden berufsregelnde Maßnahmen der dritten Gewalt, etwa bei Ausübung der Ehrengerichtsbarkeit oder der Verhängung eines vorsorglichen Berufs- oder Vertretungsverbotes nach den §§ 150 ff. Denn sie haben verfassungsrechtlich einen anderen Standort, da für sie nicht die Garantie des

---

[1] Die regelmäßig, aber nicht notwendig Anwälte sind; vgl. § 53 IV 2.

Art. 19 IV GG gilt², und der Begriff der Zulassungsstreitigkeit würde zu einer zu weiten und daher wissenschaftlich unbrauchbaren Kategorie, wollte man ihn auch auf diese so ganz andersartigen richterlichen Streitigkeiten erstrecken.

2. Keine Ausdehnung auf Rechtsverletzungen außerhalb der anwaltlichen Berufsregelung

Das Organ der berufsregelnden zweiten Gewalt muß gerade in dieser seiner Eigenschaft gehandelt haben. Deshalb führt es nicht zu einer Zulassungsstreitigkeit, wenn eine Justizbehörde einen Anwalt wegen eines gegen ihn verhängten vorsorglichen Berufsverbotes als Vertreter zurückweist (§ 156 II). Diese Zurückweisung könnte auch jede andere Behörde vornehmen; sie ist keine Maßnahme der Berufsregelung, sondern hat ihren rechtlichen Platz innerhalb des Verfahrens, in welchem der Zurückgewiesene handeln oder auftreten wollte. Auch der Rechtsstreit mit einem Anwalt über die Gewährung von Einblick in die Schöffenlisten³ ist keine Zulassungsstreitigkeit, weil die Justizverwaltung hier nicht als Organ der anwaltlichen Berufsregelung handelt.

III. Beschränkung auf Streitigkeiten aus dem Vollzug der Bundesrechtsanwaltsordnung

Eng mit den bereits erörterten Voraussetzungen verknüpft und sich teilweise mit ihnen überschneidend ist die Forderung, daß es sich um Rechtsstreitigkeiten aus dem Vollzug der Bundesrechtsanwaltsordnung handelt. Da der Begriff der Zulassungsstreitigkeit der Bundesrechtsanwaltsordnung entlehnt ist, kann er sich auch nur auf Streitigkeiten aus dem Vollzug dieses Gesetzes beziehen. Deshalb ist es keine Zulassungsstreitigkeit, wenn über das in § 40 BRüG den Anwälten eingeräumte Recht auf Aushändigung der Akten gestritten wird⁴.

---

² Denn Art. 19 IV GG ist nicht auf Richterakte anwendbar. *Friesenhahn*, DV 1949, 481; *Wernicke:* (in) Bonner Kommentar zum Grundgesetz (1950 ff.), Art. 19 II 4 e; *von Mangoldt - Klein*, Art. 19 Anm. IV 2 c; *(Maunz-)Dürig*, Art. 19 IV Rdnr. 17 sub c; *Bettermann:* Der Schutz der Grundrechte in der ordentlichen Gerichtsbarkeit, in: Die Grundrechte, Bd. III/2 (1959), S. 779 ff., S. 790 sub c) aa).
³ *BVerwGE* 12, 261 = MDR 1961, 881.
⁴ *BVerwGE* 11, 191.

IV. Keine Ausdehnung auf haftungsrechtliche Streitigkeiten

Auch die Geltendmachung von Amtshaftungsansprüchen aus Amtspflichtverletzungen im Zulassungsverfahren fällt nicht unter den Begriff der Zulassungsstreitigkeit. Sie haben ihre rechtliche Grundlage in § 839 BGB, Art. 34 GG, also außerhalb der Bundesrechtsanwaltsordnung. Zudem verleiht ihnen die Garantie des ordentlichen Rechtsweges in Art. 34 S. 3 GG einen besonderen Standort im Rechtswegesystem, der es angeraten sein läßt, sie aus dem Begriff der Zulassungsstreitigkeit auszuklammern.

Zweites Kapitel

Der Rechtsweg bei Zulassungsstreitigkeiten

§ 4 Die Zulassungsstreitigkeiten im Rechtswegesystem

I. Rechtsnatur der Zulassungsstreitigkeiten

Die Zulassungsstreitigkeiten sind öffentlich-rechtliche Streitigkeiten nichtverfassungsrechtlicher — präziser: verwaltungsrechtlicher[1] — Art. Denn es streiten Bürger und vollziehende Gewalt über die Rechtmäßigkeit hoheitlicher Maßnahmen, also über Rechte und Pflichten, die sich aus öffentlich-rechtlichen Normen ableiten.

II. Standort der Zulassungsstreitigkeiten im Rechtswegesystem

Daraus folgt, daß für die Zulassungsstreitigkeiten die Garantie des Art. 19 IV GG gilt; ebenso werden sie von der Generalklausel des § 40 I VwGO erfaßt. Aus beiden Bestimmungen ergibt sich in Verbindung mit den §§ 9 II, 11 II, 16 IV, 21 II, 28 III, 29 III, 35 II und 223 BRAO ihr Standort im Rechtswegesystem.

1. Berufsgerichtlicher Rechtsweg

Wenn und soweit die Bundesrechtsanwaltsordnung in ihren §§ 9 II, 11 II, 16 IV, 21 II, 28 III, 29 III, 35 II und 223 den Ehrengerichtshof für Rechtsanwälte und den Senat für Anwaltssachen beim Bundesgerichtshof[2] ausdrücklich mit dem Rechtsschutz bei Zulassungsstreitigkeiten

---

[1] Dieser der Verwaltungsgerichtsordnung fremde Begriff findet sich in Art. 93 Bay. Verf. und Art. 115 Saarl. Verf.

[2] Die daneben Berufungs-, Beschwerde- und Revisionsgericht bei disziplinarrechtlichen Streitigkeiten sind, §§ 142 ff. Disziplinargericht erster Instanz ist das für den Bezirk einer jeden Rechtsanwaltskammer gebildete und in

betraut, verdrängt sie gemäß § 40 I 1 Hs. 2 VwGO, Art. 19 IV 2 GG die allgemeinen Verwaltungs- und die ordentlichen Gerichte. Voraussetzung ist allerdings, daß der Organisation und Zuständigkeit der anwaltlichen Berufsgerichte keine zwingenden Vorschriften des Grundgesetzes entgegenstehen, was noch zu untersuchen sein wird.

2. Allgemeiner Verwaltungsrechtsweg

Sollte sich ergeben, daß der Zuständigkeitskatalog der Bundesrechtsanwaltsordnung nicht alle Zulassungsstreitigkeiten umfaßt, dann entscheiden insoweit nach § 40 I 1 Hs. 1 VwGO die allgemeinen Verwaltungsgerichte[3]. Gleiches würde gelten, falls die anwaltlichen Berufsgerichte nicht den gerichtsorganisisatorischen Anforderungen des Grundgesetzes entsprechen oder ihrer Zuständigkeit sonstige verfassungsrechtliche Hindernisse im Wege stehen sollten. Dagegen kommt eine Zuständigkeit der ordentlichen Gerichte nach § 179 VwGO, § 23 EGGVG nicht in Betracht, da das anwaltliche Zulassungswesen nicht zu den dort aufgezählten Sachgebieten gehört[4].

3. Ordentlicher Rechtsweg nach Art. 19 IV 2 GG

Subsidär steht für die Zulassungsstreitigkeiten schließlich der ordentliche Rechtsweg nach Art. 19 IV 2 GG offen. Eine praktische Bedeutung kommt diesem Rechtsweg allerdings gegenwärtig nicht zu. Die umfassende Generalklausel des § 40 I 1 VwGO, die als Auffangnorm ergreift, was an verwaltungsrechtlichen Streitigkeiten spezialgesetzlich nicht erfaßt wird, läßt für eine Zuständigkeit der ordentlichen Gerichte derzeit keinen Raum.

Das muß auch dann gelten, wenn ein Sachgebiet insgesamt den allgemeinen Verwaltungsgerichten entzogen und einer bestimmten anderen

---

der Besetzung von drei Anwälten entscheidende Ehrengericht, §§ 92 ff. Da ihm keinerlei verwaltungsgerichtliche Aufgaben obliegen, scheidet es aus der weiteren Untersuchung aus.

[3] Denen auch früher vielfach der Rechtsschutz bei Zulassungsstreitigkeiten oblag, etwa im Bereich der britischen Zone. Dazu *Thunecke*, DVBl. 1950, 521; vgl. auch *Greiff*, NJW 1958, 1565; OVG *Rheinland-Pfalz*, JZ 1955, 175.

[4] Unzutreffend *Eyermann-Fröhler*: Verwaltungsgerichtsordnung (3. Aufl. 1962), § 40 Rdnr. 88, wonach Verwaltungsakte, welche die Zulassung bei mehreren Gerichten (Simultanzulassung) betreffen, gemäß §§ 23, 25 EGGVG vor dem Oberlandesgericht anzufechten sind, da es sich insoweit um eine Angelegenheit auf dem Gebiete des Zivilprozesses handle. Ist dagegen nur die Zulassung bei *einem* Gericht im Streit, so soll der Ehrengerichtshof zuständig sein. Im Gesetz findet diese Ansicht, die in den Vorauflagen noch nicht enthalten war, schwerlich eine Stütze.

Gerichtsbarkeit zugewiesen wird, innerhalb dieser Gerichtsbarkeit aber nicht genügend Rechtsschutzformen zur Verfügung stehen, um einen im Sinne von Art. 19 IV 1 GG vollwertigen Rechtsschutz zu gewährleisten. So ressortieren — wie noch gezeigt wird — alle Zulassungsstreitigkeiten bei den anwaltlichen Breufsgerichten, aber innerhalb der anwaltlichen Berufsgerichtsbarkeit fehlt eine allgemeine Leistungs- und Feststellungsklage. Auch insoweit scheint mir ein Rückgriff auf Art. 19 IV 2 GG wenig sinnvoll zu sein, da er innerhalb ein und desselben Sachgebietes zu einer Zweiteilung des Rechtsweges je nach Art der gewählten Rechtsschutzform führt. Sachgerecht ist es allein, einen an sich gegebenen, in seiner Ausgestaltung aber unvollständig gebliebenen Rechtsweg durch Analogie zu vergleichbaren Verfahrensordnungen der verfassungsrechtlichen Rechtsweggarantie anzupassen. In diesen Fällen führt Art. 19 IV 1 GG zu einer Erweiterung der Rechtsschutzformen durch Analogie und macht dadurch den Rückgriff auf den ordentlichen Rechtsweg des Art. 19 IV 2 GG entbehrlich[5].

4. Zusammenfassung und Würdigung

Die Rechtswege bei Zulassungsstreitigkeiten sind demnach: berufsgerichtlicher Rechtsweg kraft und in den Grenzen der Zuweisung durch die Bundesrechtsanwaltsordnung, subsidiär allgemeiner Verwaltungsrechtsweg und dazu subsidiär, aber ohne aktuelle Bedeutung, ordentlicher Rechtsweg nach Ar. 19 IV 2 GG. Die Entscheidung von Zulassungsstreitigkeiten durch Berufsgerichte bildet nach geltendem Recht eine Ausnahme[6], die sich, wenn ich recht sehe, nur noch in der in enger Anlehnung an die Bundesrechtsanwaltsordnung geschaffenen Bundesnotarordnung[7] findet. Dagegen belassen die Wirtschaftsprüferordnung[8] und das Steuerberatungsgesetz[9] trotz eigener Disziplinar- oder Berufs-

---

[5] Ähnlich zur Bundesrechtsanwaltsordnung *BGHZ* 34, 244 (249 sub g) = NJW 1961, 922 = MDR 1961, 409 = BB 1961, 497 = LM Nr. 1 zu § 42 BRAO, unter Hinweis auf die Rechtsprechung des *BFH*, die aber vornehmlich den ganz anderen Fall einer Zuweisung von Sachgebieten an besondere Gerichtsbarkeiten kraft Sachzusammenhanges betrifft. Gegen den *BFH* vor allem *Bettermann*, Grundrechte III/2, S. 816 f.

[6] Der Bundesratsausschuß für innere Angelegenheiten, der neben dem Rechtsausschuß mit den Entwürfen zur Bundesrechtsanwaltsordnung befaßt war, forderte deshalb zweimal vergeblich die Zuständigkeit der allgemeinen Verwaltungsgerichte; BR-Prot. 1952, S. 359; 1957, S. 858; im gleichen Sinne auch *Thunecke*, DVBl. 1950, 522.

[7] Vom 24. 2. 1961 (BGBl. I S. 98).

[8] Gesetz über eine Berufsordnung für Wirtschaftsprüfer vom 24. 7. 1961 (BGBl. I S. 1049).

[9] Gesetz über die Rechtsverhältnisse der Steuerberater und Steuerbevollmächtigten vom 16. 8. 1961 (BGBl. I S. 1301).

gerichtsbarkeit ihre Zulassungsstreitigkeiten bei den Verwaltungs- bzw. Finanzgerichten[10], und ähnliches gilt für das Gebiet des Beamtenrechts und die landesrechtliche Heilberufsgerichtsbarkeit[11]. Eine bemerkenswerte Lösung weist das Deutsche Richtergesetz[12] auf, das die Streitigkeiten aus dem Richterverhältnis zwar den allgemeinen Verwaltungsgerichten zugunsten der Dienstgerichte entzieht, in seinen §§ 65 I, 66 I 1 aber insoweit die Verwaltungsgerichtsordnung für sinngemäß anwendbar erklärt. In der Bundesrechtsanwaltsordnung ist von dergleichen nicht die Rede.

§ 5 Zulassungsstreitigkeiten und allgemeiner Verwaltungsrechtsweg

Als verwaltungsrechtliche Streitigkeiten gehören die Zulassungsstreitigkeiten nach § 40 VwGO vor die allgemeinen Verwaltungsgerichte, soweit sie nicht durch die Bundesrechtsanwaltsordnung ausdrücklich den anwaltlichen Berufsgerichten zugewiesen sind.

I. Gesetzestechnik der Bundesrechtsanwaltsordnung

Umfang und Grenzen der Zuweisung an die anwaltlichen Berufsgerichte wären leicht zu bestimmen, wenn die Bundesrechtsanwaltsordnung sich dabei der gleichen Gesetzestechnik wie § 40 I VwGO[1] bediente und in einer Generalklausel den Rechtsweg zu den anwaltlichen Berufsgerichten bestimmt hätte. Das ist jedoch nicht geschehen.

1. Fehlen einer umfassenden Generalklausel

Statt sich ausschließlich einer umfassenden Generalklausel zu bedienen, zählt sie in ihren §§ 9 II, 11 II, 16 IV, 21 II, 28 III, 29 III und 35 II vielmehr kasuistisch einzelne Zulassungsstreitigkeiten auf, in denen mit einem „Antrag auf gerichtliche Entscheidung"[2] der Ehrengerichtshof für Rechtsanwälte oder der Senat für Anwaltsachen beim

---

[10] Vgl. § 228 I Nr. 3 AO in der Fassung des Steueränderungsgesetzes vom 13. 7. 1961 (BGBl. I S. 981).
[11] Vgl. *Ostermann*, S. 38 f.
[12] Vom 8. 9. 1961 (BGBl. I S. 1665).
[1] Ebenso § 13 GVG, § 51 SGG, § 36 Entw. FGO.
[2] Über die Bedeutung dieses Begriffes s. unten § 15.

§ 5 Zulassungsstreitigkeiten und allgemeiner Verwaltungsrechtsweg 37

Bundesgerichtshof (§ 163) angerufen werden können. Nur subsidiär enthält sie in ihren „Übergangs- und Schlußbestimmungen"(!) in § 223 eine Generalklausel.

2. Verhältnis von Rechtsweg und Rechtsschutzform

Hinzu kommt, daß die Bundesrechtsanwaltsordnung in diesen Bestimmungen nicht den „Rechtsweg" zu den anwaltlichen Berufsgerichten eröffnet, sondern jeweils bestimmte Rechtsschutzformen zur Verfügung stellt[3]. So können nach § 223 I „Verwaltungsakte, die nach diesem Gesetz ergehen, ... durch einen Antrag auf gerichtliche Entscheidung auch dann angefochten werden, wenn es nicht ausdrücklich bestimmt ist": nach Abs. II ist „der Antrag auf gerichtliche Entscheidung ... auch zulässig, wenn ein Antrag auf Vornahme eines Verwaltungsaktes ohne zureichenden Grund innerhalb von drei Monaten nicht beschieden worden ist." Das erweckt den Anschein, als sei die Zulässigkeit des Rechtsweges zu den anwaltlichen Berufsgerichten an bestimmte Rechtsschutzformen gebunden, als folge der Rechtsweg der Rechtsschutzform. Träfe das zu, so wären Zulassungsstreitigkeiten, für die sich keine Rechtsschutzform in der Bundesrechtsanwaltsordnung finden ließe, nicht „einem anderen Gericht ausdrücklich zugewiesen" (§ 40 I 1 VwGO), sondern weiter bei den allgemeinen Verwaltungsgerichten verblieben. Diese Folgerung erlangt praktische Bedeutung, wenn die Feststellung des Bestehens oder Nichtbestehens eines zulassungsrechtlichen Rechtsverhältnisses oder der Nichtigkeit eines zulassungsrechtlichen Verwaltungsaktes begehrt wird. Denn die Bundesrechtsanwaltsordnung enthält keine dem § 43 VwGO entsprechende allgemeine Feststellungsklage. Folgte nun der Rechtsweg der Rechtsschutzform, so wäre insoweit der Rechtsweg zu den anwaltlichen Berufsgerichten verschlossen und daher mangels einer anderweitigen Zuweisung für zulassungsrechtliche Feststellungsbegehren der allgemeine Verwaltungsrechtsweg gegeben[4].

II. Anpassung der Bundesrechtsanwaltsordnung an die herkömmliche Gesetzestechnik

Dieses Ergebnis, das eine Zweiteilung des Rechtsweges bei Zulassungsstreitigkeiten zur Folge hätte, kann, da nicht sachgerecht, schwerlich

---
[3] So auch die Gesetzestechnik einzelner Verwaltungsgerichtsgesetze der Nachkriegszeit, die schon seit langem als verfehlt gilt. Vgl. die rückschauende Kritik bei *Ule*, Verwaltungsprozeßrecht (2. Aufl. 1961), S. 20 sub II.
[4] So allgemein anscheinend *Redeker-von Oertzen*: Verwaltungsgerichtsordnung (1960), § 40 Rdnr. 2.

richtig sein. Es beruht auf der falschen und von der Bundesrechtsanwaltsordnung geförderten Unterstellung, daß der Rechtsweg der Rechtsschutzform folge. Das Gegenteil ist — trotz der verunglückten Gesetzestechnik der Bundesrechtsanwaltsordnung — der Fall: Nicht der Rechtsweg folgt der Rechtsform, sondern die Rechtsschutzform dem Rechtsweg. Das wird deutlich an der Verwaltungsgerichtsordnung, die vorbildlich Rechtsweg (§ 40 I) und Rechtsschutzform (§§ 42, 43) trennt und die Rechtsschutzform dem Rechtsweg folgen läßt. Erst wenn feststeht, daß für eine Streitigkeit der allgemeine Verwaltungsrechtsweg eröffnet ist, kann der Verwaltungsgerichtsordnung (weiter) entnommen werden, welche Rechtsschutzform im einzelnen zulässig ist. Dabei kann es geschehen, daß für eine Streitigkeit zwar der allgemeine Verwaltungsrechtsweg eröffnet ist, eine Rechtsschutzform aber nicht zur Verfügung steht, wie das Beispiel des § 47 VwGO lehrt, dessen Normenkontrolle nicht in allen Ländern eingeführt ist. Die Abhängigkeit der Rechtsschutzform vom Rechtsweg wird bedeutsam bei der Verweisung: Das verweisende Gericht hat nur zu prüfen, welchen Rechtsweg es für gegeben hält, nicht aber, ob innerhalb dieses Rechtsweges die vom Kläger gewählte oder eine sonstige passende Rechtsschutzform zur Verfügung steht. Das zu entscheiden, steht ausschließlich dem angewiesenen Gericht zu. Entsprechendes muß für die anderweitigen Zuweisungen gelten, auf die § 40 I 1 Hs. 2 VwGO abstellt. Sofern nicht das Gegenteil offenkundig ist, wird man zur Vermeidung sachwidriger Ergebnisse annehmen müssen, daß ihnen die gleiche Systematik zugrunde liegt wie der Verwaltungsgerichtsordnung und auch bei ihnen die Rechtsschutzform dem Rechtsweg folgt. Für die Bundesrechtsanwaltsordnung ergibt sich daraus, daß es nur einer verunglückten Fassung des Gesetzes, nicht aber dem Willen des Gesetzgebers zuzuschreiben ist, wenn sie in § 223 den Anschein erweckt, als folge der Rechtsweg der Rechtsschutzform. Tatsächlich sagt § 223 nichts über die Zulässigkeit des Rechtsweges aus, sondern setzt sie voraus. Erst wenn die Zulässigkeit des berufsgerichtlichen Rechtsweges feststeht, beantwortet § 223 — dem § 42 VwGO vergleichbar[5] — die Frage, welche Rechtsschutzformen im einzelnen verfügbar sind. Für die Bundesrechtsanwaltsordnung ergibt sich daraus die Notwendigkeit, zunächst losgelöst von den Rechtsschutzformen durch Auslegung zu ermitteln, in welchem Umfang nach dem Willen des Gesetzgebers die Zulassungsstreitigkeiten den anwaltlichen Berufsgerichten zugewiesen sind. Erst wenn das Sachgebiet abgesteckt ist, für welches die anwaltlichen Berufsgerichte zuständig sind, darf die Frage nach den Rechtsschutzformen gestellt werden.

---

[5] *BGHZ* 34, 244 (247 sub b).

III. Auslegung der Bundesrechtsanwaltsordnung

Die Bestimmung des berufsgerichtlichen Rechtsweges bei Zulassungsstreitigkeiten hat aus der Gesamtheit der Vorschriften der Bundesrechtsanwaltsordnung zu erfolgen[6]. Dabei kommt entscheidende Bedeutung dem Umstande zu, daß die anwaltlichen Berufsgerichte außer mit Berufsrichtern auch mit rechtsanwaltlichen Richtern besetzt sind (§§ 104, 106 II). Dem liegt der Gedanke zugrunde, daß die Streitigkeiten des anwaltlichen Berufsrechts unter Beteiligung der Standesgenossen, die sich naturgemäß durch besondere Sachkunde auszeichnen, zu entscheiden sind. Dieser Gesichtspunkt trifft unabhängig von der jeweiligen Rechtsschutzform auf alle Zulassungsstreitigkeiten zu. Es ist deshalb anzunehmen, daß die Bundesrechtsanwaltsordnung alle (nichthaftungsrechtlichen) Streitigkeiten, die sich aus ihrem Vollzug zwischen Anwälten, Anwaltsbewerbern oder Anwaltsvertretern und der berufsregelnden zweiten Gewalt ergeben, den anwaltlichen Berufsgerichten zuweisen will.

Aus den Gesetzesmaterialien sowie den umfangreichen Erörterungen, die in Wissenschaft und Praxis das Entstehen der Bundesrechtsanwaltsordnung begleitet haben, ergibt sich nichts Gegenteiliges. Auch hier herrscht allenthalben die Vorstellung, daß über Rechtsstreitigkeiten auf dem Gebiete des öffentlichen Anwaltsrechts ausschließlich die anwaltlichen Berufsgerichte entscheiden. Von einer Teilung des Rechtsweges zwischen Verwaltungsgerichten und Berufsgerichten ist nirgends die Rede. Ich komme deshalb zu dem Ergebnis, daß unabhängig von der gewählten Rechtsschutzform für alle Zulassungsstreitigkeiten der Rechtsweg zu den anwaltlichen Berufsgerichten eröffnet ist. Eine irgendwie geartete Zuständigkeit der allgemeinen Verwaltungsgerichte besteht daher auf dem Gebiete der Zulassungsstreitigkeiten nicht[7].

---

[6] Zur Vereinbarkeit dieser Auslegungsweise mit § 40 I VwGO vgl. *BVerwG*, NJW 1963, 72.

[7] Im Ergebnis ebenso *OVG Lüneburg*, Anw. Bl. 1960, 208; BGHZ 34, 244 = NJW 1961, 922 = MDR 1961, 409 = BB 1961, 497 = LM Nr. 1 zu § 42 BRAO; *Greuner*, Anm. zu LM Nr. 1 zu § 42 BRAO. Auch *Bülow*, § 37 Erl. 1, dürfte in diesem Sinne zu verstehen sein, wenn er den Antrag auf gerichtliche Entscheidung als einen „neutralen, umfassenden Ausdruck" bezeichnet, der „sachlich die Anfechtungs-, Vornahme- und Feststellungsklage des allgemeinen verwaltungsgerichtlichen Streitverfahrens deckt". Unrichtig *Eyermann-Fröhler*, § 40 Rdnr. 88, die in offensichtlicher Verkennung der positivrechtlichen Grundlagen teils die anwaltlichen Berufsgerichte, teils die ordentlichen Gerichte nach den §§ 23 ff. EGGVG) für zuständig halten.

§ 6 Zulassungsstreitigkeiten und berufsgerichtlicher Rechtsweg

Die Zulässigkeit des berufsgerichtlichen Rechtsweges für alle Zulassungsstreitigkeiten bedeutet, daß bei (nichthaftungsrechtlichen) Streitigkeiten aus dem Vollzug der Bundesrechtsanwaltsordnung zwischen Anwälten, Anwaltsbewerbern oder Anwaltsvertretern und der berufsregelnden zweiten Gewalt immer, aber auch nur die anwaltlichen Berufsgerichte angerufen werden können.

I. Rechtsweg und Rechtsschutzform

Die Zulässigkeit des berufsgerichtlichen Rechtsweges ist unabhängig von der Rechtsschutzform, in welche das Rechtsschutzgesuch gekleidet ist. Wenn und soweit es sich um eine Zulassungsstreitigkeit handelt, ist der berufsgerichtliche Rechtsweg gegeben. Davon zu trennen ist die ganz andere Frage nach der Zulässigkeit der gewählten Rechtsschutzform. So ist für Feststellungsbegehren auf dem Gebiete des anwaltlichen Zulassungsrechtes wie für jede Zulassungsstreitigkeit der berufsgerichtliche Rechtsweg eröffnet; sie sind jedoch regelmäßig[1] deswegen unzulässig, weil die Bundesrechtsanwaltsordnung die spezifische Rechtsschutzform des Feststellungsbegehrens nicht kennt.

II. Verweisung an anwaltliche Berufsgerichte

Aus dem Monopol der anwaltlichen Berufsgerichte für alle Zulassungsstreitigkeiten folgt die Unzulässigkeit insbesondere des Rechtsweges zu den allgemeinen Verwaltungsgerichten und den ordentlichen Gerichten[2]. Wird bei diesen Gerichten eine Zulassungsstreitigkeit anhängig gemacht, so haben sie gemäß § 41 I VwGO bzw. § 17 I GVG den zu ihnen beschrittenen Rechtsweg für unzulässig zu erklären. Auf Antrag ist eine Verweisung an das zuständige anwaltliche Berufsgericht möglich. Dabei ist zu unterscheiden: War ein allgemeines Verwaltungsgericht mit der Zulassungsstreitigkeit befaßt, so ist § 41 III VwGO anzuwenden, der eine Verweisung an jedes beliebige (zuständige) Gericht des ersten Rechtszuges gestattet, also auch an ein Gericht der anwaltlichen Berufsgerichtsbarkeit. Gleiches gilt gemäß § 17 III GVG, wenn ein ordentliches Gericht an den Ehrengerichtshof für Rechtsanwälte verweisen will. Die

---
[1] Über Ausnahmen von diesem Grundsatz wie über die Rechtsschutzformen des berufsgerichtlichen Verfahrens überhaupt s. unten § 16.
[2] Eine Anrufung anderer als dieser Gerichte bei Zulassungsstreitigkeiten dürfte kaum praktisch werden.

§ 6 Zulassungsstreitigkeiten und berufsgerichtlicher Rechtsweg 41

Verweisung an den Senat für Anwaltssachen beim Bundesgerichtshof, der selbst Teil der ordentlichen Gerichtsbarkeit ist[3], ergibt sich für Amts-, Land- und Oberlandesgerichte aus § 276 ZPO; die Senate des Bundesgerichtshofes dagegen verweisen an den Senat für Anwaltssachen mangels einer unmittelbar anzuwendenden Vorschrift analog § 98 GVG, der für die Kammern für Handelssachen beim Landgericht die Verweisung an verselbständigte Spruchkörper ein und desselben Gerichtes regelt. Die Verweisung selbst ist unabhängig davon, ob die Bundesrechtsanwaltsordnung für die anhängige Zulassungsstreitigkeit eine Rechtsschutzform vorsieht. Da die Rechtsschutzform dem Rechtsweg folgt, hat darüber ausschließlich das anwaltliche Berufsgericht zu befinden, an welches der Rechtsstreit verwiesen wird.

---

[3] Vgl. unten § 8 III 3.

Drittes Kapitel

Die Gerichte der anwaltlichen Berufsgerichtsbarkeit bei Zulassungsstreitigkeiten

Die Zuweisung der Zulassungsstreitigkeiten an den von Ehrengerichtshof und Senat für Anwaltssachen repräsentierten berufsgerichtlichen Rechtsweg ist nur dann geeignet, die Zuständigkeit der allgemeinen Verwaltungsgerichte (§ 40 I VwGO) auszuschließen, wenn beide Gerichte den gerichtsorganisatorischen Anforderungen des Grundgesetzes genügen und ihrer Tätigkeit auch sonst keine verfassungsrechtlichen Hindernisse im Wege stehen. Das festzustellen, setzt eine genaue Darlegung der gerichtsverfassungsrechtlichen Zusammenhänge voraus.

§ 7 Der Ehrengerichtshof für Rechtsanwälte

I. Errichtung des Ehrengerichtshofs

Ein Ehrengerichtshof für Rechtsanwälte wird nach § 100 I 1 bei jedem Oberlandesgericht gebildet. Die Wirklichkeit sieht indes anders aus. Alle Bundesländer mit mehr als einem Oberlandesgericht haben von der Ermächtigung des § 100 II[1] Gebrauch gemacht und durch Rechtsverordnung[2] den Ehrengerichtshof für die Bezirke aller ihrer Oberlandesgerichte bei einem von diesen errichtet[3]. Dagegen ist die Ermächtigung des § 100 III, wonach durch Vereinbarung der Länder[4] dem Ehrengerichtshof eines Landes auch die Gerichtsbarkeit für das Gebiet eines

---

[1] Der Vorbilder unter anderem in § 120 II 2 GVG und § 9 EGGVG hat.

[2] Gegen die keine grundgesetzlichen Bedenken bestehen, da § 100 II eine auch im Sinne von BVerfGE 2, 307 hinreichende gesetzliche Grundlage darstellt. Vgl. auch *Bettermann*, Grundrechte III/2, S. 545 ff.

[3] *Baden-Württemberg* durch VO vom 9. 11. 1959 (GVBl. S. 168) beim OLG Stuttgart; *Bayern* durch VO vom 8. 10. 1959 (GVBl. S. 241) beim OLG München; *Niedersachsen* durch VO vom 11. 9. 1959 (GVBl. S. 103) beim OLG Celle; *Nordrhein-Westfalen* durch VO vom 16. 9. 1959 (GVBl. S. 144) beim OLG Hamm; *Rheinland-Pfalz* durch VO vom 9. 12. 1959 (GVBl. S. 235) beim OLG Koblenz.

[4] Wer sie zu schließen hat und welcher Form sie bedarf, richtet sich nach dem jeweiligen Landes-(Verfassungs-)Recht. Vgl. dazu *Schneider*, VVDStRL 19, 23 ff.

anderen Landes übertragen werden kann, bisher nicht ausgenutzt worden. Diese Bestimmung ist § 120 II 3 GVG nachgebildet[5] und weicht von § 3 II VwGO und § 28 II SGG ab: Nur Zuständigkeitserstreckung über die Landesgrenzen, nicht Errichtung eines gemeinsamen Ehrengerichtshofes sind zulässig, nur Organleihe und nicht Kondominatgericht[6].

II. Besetzung des Ehrengerichtshofs

Der Ehrengerichtshof besteht nach § 101 aus dem Präsidenten, weiteren Vorsitzenden[7] und sonstigen Mitgliedern. Der Präsident und die Vorsitzenden müssen Anwälte sein[8], die Beisitzer sind berufsrichterliche oder anwaltliche Mitglieder.

1. Berufsrichterliche Mitglieder

Die berufsrichterlichen Mitglieder werden nach § 102 von der Landesjustizverwaltung aus dem Kreise der ständigen[9] Mitglieder des Oberlandesgerichtes für vier Jahre bestellt.

(1) Ist der Ehrengerichtshof für die Bezirke mehrerer Oberlandesgerichte zuständig, dann sind die Berufsrichter gleichwohl nur dem Oberlandesgericht zu entnehmen, bei welchem der Ehrengerichtshof errichtet ist[10]. Denn die Bundesrechtsanwaltsordnung sagt nichts darüber, daß Richter aller Oberlandesgerichte an der Besetzung zu beteiligen sind, während sie für die anwaltlichen Richter in § 103 III die Beteiligung aus allen Kammerbezirken vorschreibt. Eine entsprechende Anwendung des § 103 III auch auf die Berufsrichter erscheint mir nicht zulässig, da keinerlei Anzeichen dafür vorliegen, daß es sich insoweit um eine (ungewollte) Lücke im Gesetz handelt.

---

[5] *Amtl. Begr.* zu § 100; über ähnliche Regelungen vgl. *Bettermann*, Grundrechte III/2, S. 546 Anm. 83/84.

[6] Wie etwa das gemeinsame Oberverwaltungsgericht für die Länder Niedersachsen und Schleswig-Holstein in Lüneburg. Ältere Beispiele bei *Friedländer*, § 3 Rdnr. 7.

[7] Falls mehrere Senate gebildet werden, § 101 II.

[8] Kritisch dazu *Heins*, NJW 1959, 1347 sub 5 b.

[9] Es dürfen also keine Hilfsrichter berufen werden. *Amtl. Begr.* zu § 102; *Bülow*, § 102 Erl. 2.

[10] Anders *Kalsbach*, § 102 Erl. 2, der eine nicht ordnungsgemäße Besetzung annimmt, wenn dem Ehrengerichtshof nur Berufsrichter des Oberlandesgerichtes angehören, bei dem er errichtet ist. Dem entspricht § 2 Bad.-Württ. VO vom 9. 11. 1959 (GVBl. S. 168), wonach die berufsrichterlichen Mitglieder des Ehrengerichtshofes beim OLG Stuttgart auch dem OLG Karlsruhe zu entnehmen sind.

(2) Ähnlich ist die Besetzung, wenn nach § 100 III der Ehrengerichtshof eines Landes auch für das Gebiet eines anderen Landes zuständig ist. Das Verbot des Kondominatgerichtes darf nicht in der Weise umgangen werden, daß man den Ehrengerichtshof mit Berufsrichtern der beteiligten Länder besetzt.

2. Anwaltliche Mitglieder

Die anwaltlichen Richter werden gemäß § 103 I gleichfalls von der Landesjustizverwaltung für vier Jahre ernannt[11].

a) Persönliche Voraussetzungen einer Ernennung

Die Ernennung eines Rechtsanwaltes zum Richter am Ehrengerichtshof ist an die folgenden persönlichen Voraussetzungen geknüpft:

(1) Der Anwalt muß nach den §§ 103 II 1, 94 I 2 der Rechtsanwaltskammer angehören, für deren Bezirk der Ehrengerichtshof gebildet ist. Bestehen in dessen Sprengel mehrere Rechtsanwaltskammern (§§ 61, 100 II), dann sind nach § 103 III Anwälte aus allen Kammerbezirken im Verhältnis der Mitgliederzahl der einzelnen Kammern zu beteiligen. Anders, wenn der Ehrengerichtshof nach § 100 III auch für das Gebiet eines anderen Landes zuständig ist: Hier ist eine Beteiligung von Anwälten des anderen Landes nicht vorgesehen. § 103 III, der sich mit dieser Frage befaßt, bezieht sich nur auf § 100 Abs. II, nicht auch auf dessen Abs. III.

(2) Der Rechtsanwalt muß nach den §§ 103 II 1, 94 III 1 in den Vorstand der Rechtsanwaltskammer wählbar sein (§§ 65, 66). In Verbindung mit der Zugehörigkeit zur Rechtsanwaltschaft überhaupt wird dadurch vor allem zweierlei gewährleistet: seine Befähigung zum Richteramt nach den Vorschriften des Deutschen Richtergesetzes[12] und seine persönliche Zuverlässigkeit, die in zahlreichen Ausprägungen für die Zulassung zur und das Verbleiben in der Rechtsanwaltschaft und für die Wählbarkeit in den Kammervorstand erforderlich ist.

(3) Nach § 103 II 2 dürfen die anwaltlichen Richter des Ehrengerichtshofes nicht zugleich dem Ehrengericht und nach den §§ 103 II 1, 94 III nicht dem Vorstand der Rechtsanwaltskammer angehören oder bei ihr im Haupt- oder Nebenberuf tätig sein. Damit steht die Inkompatibilität dieser Ämter fest, ohne daß Klarheit über die rechtlichen Folgen dieses

---

[11] Über die rechtliche Bedeutung dieser Ernennung sowie über die Rechtsstellung der anwaltlichen Richter am Ehrengerichtshof s. unten § 9.
[12] § 4 BRAO i. d. F. des § 100 Nr. 1 DRG; vgl. auch die Übergangsregelung in den §§ 208, 209 BRAO und in § 109 DRG.

Verbotes herrscht: ob es bereits einer Ernennung zum Richter am Ehrengerichtshof oder nur der Ausübung dieses Amtes im Wege steht. Dafür, daß die Innehabung eines inkompatiblen Amtes die Ernennung zum Richter nicht hindert, spricht der Aufbau des Gesetzes: Anderenfalls hätte der Satz 2 des § 94 III wie dessen Satz 1 gefaßt und wohl auch mit ihm verbunden werden müssen. Es ist deshalb nur die Ausübung des Richteramtes verboten, solange der anwaltliche Richter noch eines der inkompatiblen Ämter innehat. Will die Landesjustizverwaltung einen Richter am Ehrengericht, ein Mitglied des Kammervorstandes oder einen sonstigen Mitarbeiter der Rechtsanwaltskammer zum Richter am Ehrengerichtshof ernennen, so kann sie ihm gleichzeitig die Auflage machen, die bisherige Tätigkeit aufzugeben[13]. Stimmt der Anwalt seiner Ernennung zu[14], dann wird auch die Auflage verbindlich und kann nach allgemeinen verwaltungsrechtlichen Grundsätzen im Wege des Verwaltungszwanges durchgesetzt werden. Auf die Wirksamkeit der Ernennung ist ihre Befolgung dagegen ohne Einfluß[15].

(4) Während § 108 II in Verbindung mit § 67 zu entnehmen ist, daß der Berufung zum anwaltlichen Richter am Senat für Anwaltssachen grundsätzlich Folge geleistet werden muß, ist für das Richteramt am Ehrengerichtshof eine derartige Übernahmepflicht nicht normiert. Das hat seinen Grund in der besonderen rechtlichen Stellung der anwaltlichen Richter am Ehrengerichtshof, die im Gegensatz zu den Richtern am Senat für Anwaltssachen in einem dem Ehrenbeamtenverhältnis vergleichbaren Ehrenrichterverhältnis stehen[16]. Gleich den Ehrenbeamten[17] müssen sie deshalb ihrer Ernennung zustimmen, da nach geltendem Recht niemand gegen seinen Willen (Ehren-)Beamter bzw. (Ehren-)Richter werden soll[18]. Es ist deshalb auch nicht statthaft, die Übernahmepflicht der §§ 108 III, 67 entsprechend auf die Ernennung zum Richter am Ehrengerichtshof zu übertragen, zumal diese Analogie zu Lasten der anwaltlichen Freiheit ginge. Ich vermag daher auch *Friedländer*[19] nicht zu folgen, der seinerzeit generell einer Amtsüber-

---

[13] Vgl. den ähnlichen Gedanken in BVerwGE 2, 85 (89). Man wird allerdings nicht annehmen können, daß die Justizverwaltung verpflichtet ist, diese Auflage zu machen. Unterläßt sie es, so besteht für sie keine Möglichkeit, die Aufgabe des inkompatiblen Amtes zu erzwingen.
[14] Darüber alsbald sub (4).
[15] So allgemein zur Auflage im Verwaltungsrecht: *Fleiner*: Institutionen des Deutschen Verwaltungsrechts (8. Aufl. 1928), § 13 sub II 1; *Wolff*: Verwaltungsrecht I (4. Aufl. 1961), § 49 I d; *Forsthoff*: Lehrbuch des Verwaltungsrechts, Bd. I (8. Aufl. 1961), § 11 sub 5.
[16] Ausführlich darüber unten § 9.
[17] Vgl. *Peters*, HdbDStR II, S. 104.
[18] Während die Übernahme schlicht ehrenamtlicher Tätigkeiten eine dem geltenden Recht geläufige Erscheinung ist. Sie stellt sich verfassungsrechtlich als status passivus im status activus dar.
[19] § 90 Rdnr. 12.

nahmepflicht das Wort redete, da es sonst „ganz von dem guten Willen der Mitglieder der Anwaltskammer ... (abhänge), ob der Ehrengerichtshof seines Amtes walten kann". Sollte die Funktionsfähigkeit des Ehrengerichtshofes tatsächlich durch das Fehlen einer Übernahmepflicht gefährdet sein, so ist es ausschließlich die Aufgabe des Gesetzgebers, für Abhilfe zu sorgen.

b) Ernennungsverfahren

Bei der Ernennung der anwaltlichen Richter ist die Landesjustizverwaltung nach den §§ 103 II 1, 94 II an eine Vorschlagsliste des Vorstandes der Rechtsanwaltskammer(n) gebunden, aus deren Bezirk(en) Anwälte zu Richtern zu berufen sind. Die Liste muß mindestens die Hälfte mehr an Vorschlägen enthalten, als nach dem Willen der Justizverwaltung Richter berufen werden sollen. Darin liegt ein Mindestauswahlrecht der Justizverwaltung, das nicht umgangen werden darf. Man wird deshalb zu fordern haben, daß der Vorstand nur solche Kandidaten in seinen Vorschlag aufnimmt, welche die persönlichen Voraussetzungen einer Richterernennung erfüllen und bereit sind, eine Ernennung anzunehmen. Anderenfalls wäre, da die Justizverwaltung nur amtsfähige und amtswillige Anwälte zu Richtern ernennen kann, das staatliche Mindestauswahlrecht verletzt. Hält sich der Kammervorstand nicht daran, schlägt er nicht amtsfähige oder amtsunwillige Kandidaten vor, so wird man die Justizverwaltung für berechtigt halten müssen, notfalls die Richter auch ohne Vorschlag der Kammer zu ernennen. Die Rechtsanwaltskammer kann sich dann nicht auf ein Vorschlagsrecht berufen, das sie zuvor mißbraucht hat. Dagegen kann die Landesjustizverwaltung nicht im Wege der Staatsaufsicht (§ 62 II) die Rechtsanwaltskammer zu gesetzmäßigen Vorschlägen zwingen. Ihre auf ein Anfechtungsrecht gegenüber Wahlen und Beschlüssen beschränkten Aufsichtsmittel (§ 90 I) schließen diese Möglichkeit aus.

3. Präsident und Vorsitzende

Der Präsident und die übrigen Vorsitzenden werden nach § 101 III 1[20] von der Landesjustizverwaltung aus dem Kreise der anwaltlichen Richter bestellt. Der Vorstand der beteiligten Rechtsanwaltskammer(n) ist vorher zu hören, §§ 101 III 2, 93 II.

---

[20] Den § 123 DRG ausdrücklich gegenüber § 28 II DRG unberührt läßt.

III. Der Ehrengerichtshof als erkennendes Gericht

Der Ehrengerichtshof entscheidet nach § 104[21] in der Besetzung von fünf Mitgliedern: dem Vorsitzenden und je zwei berufsrichterlichen und anwaltlichen Beisitzern[22].

1. Verteilung der Richter auf die Senate

Bei mehreren Senaten müssen die Richter des Ehrengerichtshofs auf die einzelnen Spruchkörper verteilt werden. Nach § 105 I gelten dafür die §§ 62, 67, 69, 70 I GVG über die Verteilung der Vorsitzenden und sonstigen Richter, die Vertretung verhinderter Richter, die Geschäftsverteilung und das Präsidium entsprechend.

2. Überbesetzung der Senate

Eine Besetzung der Senate mit mehr ständigen Mitgliedern, als bei den Entscheidungen mitzuwirken haben, ist zulässig. Das GVG schließt eine Überbesetzung nicht aus[23], und die Garantie des gesetzlichen Richters in Art. 101 I 2 GG verlangt allein eine rechtssatzmäßige[24] Bestimmung des im Einzelfalle mitwirkenden Richters[25], bei Überbesetzung also einen Geschäftsverteilungsplan innerhalb des Senats[26]. § 69 GVG, der dem widerspricht[27], indem er den Vorsitzenden ermächtigt, die Geschäfte auf die Mitglieder des Senates zu verteilen, worunter bei Überbesetzung auch die Richterauswahl fällt, ist insoweit von Art. 101 I 2 GG her zu korrigieren.

IV. Gerichtsorganisatorische Stellung des Ehrengerichtshofs

Der Ehrengerichtshof ist ein dem Oberlandesgericht gegenüber selbständiges Gericht. Er gehört nicht zur ordentlichen Gerichtsbarkeit.

---

[21] Der sprachlich so mißglückt ist, daß *Rosenberg*, § 28 VII 3 c ihm eine Besetzung mit neun (!) Mitgliedern, nämlich „fünf Rechtsanwälten einschließlich des Vorsitzenden ..., zu denen als Beisitzer zwei weitere anwaltliche Mitglieder und zwei Berufsrichter mitwirken", entnommen hat.
[22] Zur Entstehungsgeschichte vgl. BT-Prot. II, S. 4311, 4317, 4326.
[23] *RGZ* 133, 29 m. w. N. S. 31 f.; vgl. auch *RG*, DRZ 1929 Nr. 795.
[24] Dazu *Bettermann*, Grundrechte III/2, S. 544.
[25] Teilweise abweichend *BGHZ* 20, 138.
[26] So auch § 8 II VwGO, der gerade wegen Art. 101 I 2 GG geschaffen wurde: *Eyermann-Fröhler*, § 8 Rdnr. 2; *Klinger*: Verwaltungsgerichtsordnung (1960),

48 Drittes Kapitel: Gerichte der anwaltlichen Berufsgerichtsbarkeit

1. Räumlich-büromäßige Verbindung mit dem Oberlandesgericht

§ 100 I 1, wonach der Ehrengerichtshof „bei dem Oberlandesgericht" errichtet wird, scheint für das Gegenteil zu sprechen. Ein Gesetzesvergleich lehrt indes, daß diese Formulierung nicht geeignet ist, Auskunft über die rechtliche Stellung des Gerichtes zu geben. So waren nach den §§ 32, 41 RDStO[28] die Dienststrafkammern immer „bei" einem Verwaltungsgericht und der Reichsdienststrafhof „bei" dem — allerdings noch nicht errichteten — Reichsverwaltungsgericht zu bilden[29]. Daß der Reichsdienststrafhof ein unselbständiger Teil des Reichsverwaltungsgerichtes sein würde, war einhellige Meinung[30], während die Dienststrafkammern teils als unselbständige Bestandteile der Verwaltungsgerichte[31], teils als besondere Gerichte[32] angesehen wurden. Der Bundesdisziplinarhof, der nach § 41 I 1 BDO „bei dem Bundesverwaltungsgericht" errichtet wird, soll diesem gegenüber ein selbständiges Gericht sein[33]. In der Tat besagt die Formel, daß der Ehrengerichtshof „bei dem Oberlandesgericht" zu errichten sei, nur dies, daß zwischen beiden Gerichten eine räumliche und büromäßige Verbindung bestehen soll[34]. Über die rechtliche Stellung des Ehrengerichtshofes läßt sich daraus nichts entnehmen[35]: weder daß er, weil „bei" einem staatlichen Gericht

---

Erl. zu § 8; *Ule:* Erl. zu § 8; *Schunck-De Clerck:* Verwaltungsgerichtsordnung (1961), § 8 Erl. 2.

[27] Vgl. ähnliche Überlegungen bei *Berger*, NJW 1955, 1138; *Bettermann*, Grundrechte III/2, S. 556.

[28] Vom 26. 1. 1937 (RGBl. I S. 711).

[29] Weitere Beispiele in § 33 RiDStO Berlin; § 144 LBG Berlin; §§ 38, 42 LDO Rhld.-Pf.; Art. 68 I Bay. Verf.; § 1 Bay. VerfGHG.

[30] *Brand:* Reichsdienststrafordnung (1937), § 41 Erl. 1; *Wittland:* Reichsdienststrafordnung (1937), § 41 Anm. 4; *Lindgen:* Bundesdisziplinarrecht (1952 ff.), S. 225.

[31] *Brand*, § 32 Erl. 1.

[32] *Wittland*, Vorbem. vor § 30.

[33] *Lindgen*, S. 225.

[34] Vgl. auch *Brand*, § 32 Erl. 1. Bestimmungen dieser Art werden deshalb auch in der Praxis nicht sonderlich ernst genommen, wie das Beispiel des Bundesdisziplinarhofes lehrt, der einen eigenen Einzelplan im Bundeshaushalt besitzt und auch nicht mehr im Gebäude des Bundesverwaltungsgerichts untergebracht ist.

[35] Anders dagegen die Formel, daß ein Gericht einem anderen „anzugliedern" sei. Sie fordert die räumliche und büromäßige Verbindung und verbietet die gerichtsverfassungsrechtliche Eingliederung. Angegliederte Gerichte sind begriffsnotwendig rechtlich selbständig. Deshalb scheint mit § 187 I VwGO etwas Selbstverständliches zu sagen, wenn er die Länder ermächtigt, die Besetzung der anzugliedernden Berufsgerichte zu regeln. Eine eigenständige Bedeutung gewinnt diese Vorschrift nur, wenn man ihr die Befugnis entnimmt, sich bei Besetzung der Berufsgerichte (auch) der Berufsrichter der Verwaltungsgerichte zu bedienen.

§ 7 Der Ehrengerichtshof für Rechtsanwälte 49

errichtet, seinerseits notwendig staatlichen Charakter trage[36], noch, ob er im Verhältnis zum Oberlandesgericht unselbständig, weil eingegliedert, oder selbständig, weil bloß angegliedert, ist.

2. Rechtliche Selbständigkeit

Über Selbständigkeit oder Unselbständigkeit des Ehrengerichtshofes entscheiden ausschließlich die sonstigen gerichtsverfassungsrechtlichen Bestimmungen der Bundesrechtsanwaltsordnung. Sie allein geben Aufschluß über den Umfang der Verklammerung beider Gerichte und bestimmen damit zugleich deren gegenseitiges rechtliches Verhältnis. Dabei zeigt sich für den Ehrengerichtshof folgendes Bild: Er unterliegt nach den §§ 100 I 2, 92 III der Aufsicht der obersten Landesbehörde der Justiz[37] und nicht der des Oberlandesgerichtspräsidenten, wie es nach Art. IX § 14 I Nr. 3 der Verordnung zur einheitlichen Regelung der Gerichtsverfassung[38] der Fall wäre, falls es sich bei ihm um einen unselbständigen Teil des Oberlandesgerichtes handelte. Seine berufsrichterlichen Mitglieder werden von der Landesjustizverwaltung delegiert, während das bei einem unselbständigen Spruchkörper die Aufgabe des Präsidiums des Oberlandesgerichtes wäre. Weiter fällt auf, daß für die Geschäftsverteilung innerhalb des Ehrengerichtshofes § 105 I die einschlägigen Bestimmungen des GVG für entsprechend anwendbar erklärt; das wäre überflüssig, falls es sich bei dem Ehrengerichtshof um einen unselbständigen Spruchkörper des Oberlandesgerichtes handelte, da er sich dann unmittelbar und ohne Verweisung des GVG bedienen könnte[39]. Deshalb fehlt auch für den Senat für Anwaltssachen, der — wie noch zu zeigen ist — ein unselbständiger Teil des Bundesgerichtshofes ist, eine dem § 105 I entsprechende Verweisung; dort gilt das GVG unmittelbar. Dieser offensichtlichen Selbständigkeit des Ehrengerichtshofes widerspricht nicht seine Durchsetzung mit Berufsrichtern des Oberlandesgerichts. Die Mitwirkung von Berufsrichtern in Spruchkörpern anderer Gerichtsbarkeiten ist eine dem Gerichtsverfassungsrecht ge-

---

[36] So aber *Kalsbach*, § 100 Erl. 2 und für die Heilberufsgerichte *Bettermann*, Grundrechte III/2, S. 360 sub 4 a). Ebenso die *Amtl. Begr.* zu § 174 des zweiten Entwurfes zur Bundesrechtsanwaltsordnung (BR-Drucks. 1954 Nr. 325 = BT-Drucks. II Nr. 1014), während in der Begründung zu (dem Gesetz gewordenen) § 100 des dritten Entwurfes (BR-Drucks. 1957 Nr. 461 = BT-Drucks. III Nr. 120) dieser Passus gestrichen worden ist.

[37] Sofern sie nicht nach § 224 ihre Befugnisse auf nachgeordnete Behörden übertragen hat.

[38] Vom 20. 3. 1935 (RGBl. I S. 403).

[39] Zur Anwendbarkeit des GVG auf die verschiedenen Zweige der ordentlichen Gerichtsbarkeit vgl. *BGHZ* 9, 30.

läufige Erscheinung[40]; auch sind die oberlandesgerichtlichen Mitglieder als Minderheit nicht geeignet, dem Ehrengerichtshof den Charakter eines ordentlichen Gerichtes zu verleihen[41]. Aus alldem folgt, daß der Ehrengerichtshof dem Oberlandesgericht nicht eingegliedert ist. Er ist ihm nur angegliedert, nur räumlich und büromäßig verbunden, und daher ein rechtlich selbständiges Gericht. Als solches gehört er nicht zur ordentlichen Gerichtsbarkeit.

§ 8 Der Senat für Anwaltssachen beim Bundesgerichtshof

I. Errichtung des Senats

Für die Angelegenheiten, die nach der Bundesrechtsanwaltsordnung dem Bundesgerichtshof zugewiesen sind, wird bei diesem ein Senat für Anwaltssachen gebildet. Die Errichtung mehrerer Senate ist nach dem Wortlaut des § 106 I 1 und dem Aufbau der Vorschriften über die Besetzung des Senates nicht zulässig.

II. Besetzung des Senats

Dem Senat für Anwaltssachen gehören der Präsident, ein Senatspräsident und Richter des Bundesgerichtshofes sowie anwaltliche Richter an. Er entscheidet in der Besetzung von sieben Mitgliedern: dem Vorsitzenden, drei Bundesrichtern und drei Rechtsanwälten.

1. Vorsitzender

Vorsitzender kraft Amtes ist der Präsident des Bundesgerichtshofs[1]. Er wird vertreten durch einen Senatspräsidenten, der gemäß § 106 II 2 vor Beginn jedes Geschäftsjahres von ihm und den Senatspräsidenten nach den Regeln der §§ 62 II 2, 131 GVG bestellt wird.

2. Berufsrichterliche Mitglieder

Über Zuständigkeit und Verfahren bei der Auswahl der berufs- oder bundesrichterlichen Mitglieder schweigt die Bundesrechtsanwalts-

---

[40] Nachweise bei *Bettermann*, Grundrechte III/2, S. 550 Nr. 93.
[41] Zu diesem Gedanken BVerfGE 4, 387 (408).
[1] Auch der Präsident des Reichsgerichts war nach § 90 RAO Vorsitzender des am Reichsgericht gebildeten Ehrengerichtshofes.

ordnung. Sie geht offensichtlich von der Vorstellung aus, daß der Senat für Anwaltssachen ein Teil des Bundesgerichtshofs und damit ein ordentliches Gericht sei, für den deshalb auch ohne besondere Verweisung die Bestimmungen des Gerichtsverfassungsgesetzes gelten. Es mag zweifelhaft sein, ob diese Vorstellung mit dem ursprünglichen Sinn des § 2 EGGVG zu vereinbaren ist; inzwischen aber ist anerkannt, daß das Gerichtsverfassungsgesetz für die gesamte von den ordentlichen Gerichten ausgeübte streitige Gerichtsbarkeit gilt[2]. Da der Senat für Anwaltssachen — wie noch gezeigt wird — ein Teil des Bundesgerichtshofs und damit der ordentlichen Gerichtsbarkeit ist, folgt daraus: Wie bei den anderen Senaten des Bundesgerichtshofes werden auch seine ständigen berufsrichterlichen Mitglieder und deren regelmäßige Vertreter nach den §§ 65 ff. GVG vor Beginn eines jeden Geschäftsjahres für dessen Dauer vom Präsidium des Bundesgerichtshofes bestellt[3].

3. Anwaltliche Mitglieder

Die anwaltlichen Mitglieder des Senats für Anwaltssachen werden nach § 107 I 1 vom Bundesminister der Justiz für vier Jahre[4] berufen.

a) Persönliche Voraussetzungen einer Berufung

Eine Berufung setzt nach § 108 I in persönlicher Hinsicht voraus:

(1) Der Rechtsanwalt muß in den Vorstand der Rechtsanwaltskammer wählbar sein (§§ 65, 66), womit seine persönliche Zuverlässigkeit gewährleistet ist[5].

(2) Er darf nicht gleichzeitig einem Kammervorstand, Ehrengericht oder Ehrengerichtshof angehören oder bei einer Rechtsanwaltskammer im Haupt- oder Nebenberuf tätig sein. Wie bei den Richtern am Ehrengerichtshof stehen diese Inkompatibilitäten jedoch nicht der Berufung in das Richteramt, sondern nur dessen Ausübung im Wege.

(3) Dagegen bedarf es keiner Zustimmung des Anwaltes zu der Berufung. Wie § 108 III erkennen läßt, muß der Berufung regelmäßig

---

[2] BGHZ 9, 30; teilweise widersprüchlich, aber in diesem Sinne zu verstehen: Zöller, Zivilprozeßordnung (8. Aufl. 1957), Vorbem. § 1 GVG: Rosenberg, § 14 I; Wieczorek: Zivilprozeßordnung und Nebengesetze, Bd. V (1957), § 2 EGGVG Erl. A III, § 12 GVG Erl. C I.
[3] Ebenso Ostermann, S. 29.
[4] Vgl. aber die Übergangsregelung in § 217.
[5] Näheres dazu oben, § 7 II 2 a (2) bei der entsprechenden Regelung für die anwaltlichen Richter am Ehrengerichtshof.

Folge geleistet werden; nur unter den Voraussetzungen des § 67 kann die Übernahme des Richteramts abgelehnt werden[6].

b) Berufungsverfahren

Bei der Berufung ist der Bundesminister der Justiz nach § 107 II an eine Kandidatenliste gebunden, die vom Präsidium der Bundesrechtsanwaltskammer auf Grund von Vorschlägen der regionalen Rechtsanwaltskammern (§ 73 II Nr. 6) eingereicht wird[7] und die mindestens doppelt so viele Vorschläge enthalten muß, als Richter berufen werden sollen. Diese Zahl legt der Bundesminister der Justiz fest, der zuvor das Präsidium der Bundesrechtsanwaltskammer zu hören hat, §§ 107 II 2, 94 II 3. Zwar läßt die Verweisung des § 107 II 2 auf § 94 II 3 offen, wer zu hören ist: der Vorstand der Rechtsanwaltskammer bei dem Bundesgerichtshof oder das Präsidium der Bundesrechtsanwaltskammer. Da jedoch die Bundesrechtsanwaltskammer die Kandidatenliste für die anwaltlichen Richter einreicht, ist es nur folgerichtig, auch ihr Präsidium zu hören, wenn die Gesamtzahl dieser Richter festgelegt wird. Welche drei anwaltlichen Richter dann an welchem Verfahren teilnehmen, richtet sich gemäß § 111 nach der Reihenfolge einer Liste, die der Vorsitzende des Senates nach Anhörung der beiden ältesten zu Beisitzern berufenen Anwälte vor Beginn des Geschäftsjahrs aufstellt. Art. 101 I 2 GG ist damit vorbildlich genügt.

c) Keine Mitwirkung des Richterwahlausschusses

An der Berufung der anwaltlichen Richter ist der (Bundes-)Richterwahlausschuß nicht beteiligt. Die Bundesrechtsanwaltsordnung entspricht damit § 43 I 1 ArbGG, § 45 II SGG, § 4 IV LwVG und § 108 BNotO, nach denen die ehrenamtlichen Beisitzer des Bundesarbeits- und Bundessozialgerichtes sowie des Bundesgerichtshofs in Landwirtschafts- und Notarsachen gleichfalls ohne Mitwirkung des Richterwahlausschusses berufen werden. Diese Vorschriften verstoßen nicht gegen Art. 95 III, 96 II GG, die nur für Berufsrichter, nicht aber für ehrenamtliche Richter[8] die Mitwirkung des Richterwahlausschusses am Berufungsverfahren

---

[6] Vgl. oben § 7 II 2 a (4) die gegenteilige Regelung für den Ehrengerichtshof.

[7] Ob in diese Liste nur solche Anwälte aufgenommen werden dürfen, die von einer regionalen Rechtsanwaltskammer benannt worden sind, geht aus § 107 II nicht eindeutig hervor, dürfte aber wegen der Formulierung „auf Grund von Vorschlägen" zu bejahen sein. Im übrigen steht es im Belieben einer jeden Kammer, ob und wieviele Vorschläge sie der Bundesrechtsanwaltskammer einreicht. Vgl. allgemein zum Vorschlagsrecht beruflicher oder sozialer Gruppen *Bettermann*, Grundrechte III/2, S. 606.

[8] Es kann dahinstehen, ob sich Art. 95 III, 96 II GG auch auf Richter beziehen, die in einem dem Ehrenbeamtenverhältnis vergleichbaren Ehren-

§ 8 Der Senat für Anwaltssachen beim Bundesgerichtshof 53

vorschreiben⁹. Denn wenn nach Art. 96 II 2 GG die Dienstverhältnisse der gemeinsam mit dem Richterwahlausschuß zu berufenden Richter durch Bundesgesetz zu regeln sind, so können, da in einem Dienstverhältnis[10] nur die beamteten Richter stehen, in Satz 1 auch nur diese und nicht auch die ehrenamtlichen Richter gemeint sein. Dafür spricht auch Art. 98 IV GG, der die Länder ermächtigt, bei der Anstellung (!) der Landesrichter einen Richterwahlausschuß mitwirken zu lassen.

III. Gerichtsorganisatorische Stellung des Senates für Anwaltssachen

Der Senat für Anwaltssachen ist kein selbständiges Bundesgericht, sondern ein unselbständiger Teil des Bundesgerichtshofs[11]. Er gehört zur ordentlichen Gerichtsbarkeit.

1. Abgrenzung von Sondergericht und unselbständigem Spruchkörper

Die Grenzziehung zwischen den Organisationsformen des (unselbständigen, wenn auch) besonderen Spruchkörpers und des (selbständigen) Sondergerichts geschieht — in der Praxis jedenfalls[12] — an Hand der Kriterien, die von der „Gemischten Kommission aus Zivilprozeß- und Verwaltungsrechtslehrern" erarbeitet worden sind. Sie besagen, daß ein Spruchkörper dann kein Sondergericht, sondern unselbständiger Teil eines anderen (oberen Bundes-)Gerichtes ist, wenn „die Mehrzahl der Richter dem betreffenden (oberen Bundes-)Gericht als Berufsrichter

---

richterverhältnis stehen. Denn den oberen Bundesgerichten ist de lege lata dieser Richtertyp unbekannt. Ausführlich zu dieser Richterart, die sich am Ehrengerichtshof findet, unten § 9.
⁹ Ebenso *Dietz-Nikisch:* Arbeitsgerichtsgesetz (1954), § 42 Rdnr. 2; *Dersch-Volkmar:* Kommentar zum Arbeitsgerichtsgesetz (6. Aufl. 1955), § 43 Rdnr. 3; *Thiele:* RdA 1953, 246; *Bogs:* RdA 1953, 458; *Bettermann:* Grundrechte III/2, S. 640, Anm. 634; *Bülow,* § 107 Erl. 1 und 2; *Kreft,* DRiZ 1961, 165; BGHZ 33, 381 = NJW 1961, 220 = MDR 1961, 143 = BB 1961, 6 = VRspr. 13, 517 = LM Nr. 2 zu Art. 96 GG, Nr. 1 zu § 107 BRAO, Nr. 1 zu § 178 BRAO; a. M. *Arndt,* Anw. Bl. 1957, 190; *Jahn,* DRiZ 1961, 315 sowie die Fraktion der SPD in allen einschlägigen Beratungen des Bundestages.
[10] Dazu *Pfennig,* S. 63.
[11] Über die verfassungsrechtliche Bedeutung dieser Unterscheidung s. unten sub § 10.
[12] Während eine auch in der Wissenschaft allgemein anerkannte Unterscheidung immer noch aussteht. Vgl. die unterschiedlichen Ergebnisse bei *Kuhfuß:* Wesen, Begriff und Erscheinungsformen der Sondergerichtsbarkeit (Diss. Münster 1956); *Kern,* S. 132 ff.; *Bettermann,* Grundrechte III/2, S. 572 ff.; *Wieczorek,* § 12 GVG Erl. C I; § 14 GVG Erl. A und B; *OGH br. Z.* 3, 108 und 272; BGHZ 4, 352.

angehört und die organisatorische und funktionelle Eingliederung in das betreffende (obere Bundes-)Gericht gewährleistet ist. Das bedeutet insbesondere, daß die Berufsrichter dieses Senats im Rahmen der durch das Präsidium vorzunehmenden Geschäftsverteilung auswechselbar sind und an der Selbstverwaltung und Rechtsprechung des gesamten Gerichtes (Präsidium, Großer Senat) in vollem Umfang teilnehmen"[13].

2. Der Senat für Anwaltssachen als unselbständiger Spruchkörper

Auf den Senat für Anwaltssachen angewandt, zeigt sich folgendes Bild: Als Spruchkörper ist er mit vier Berufsrichtern gegenüber nur drei anwaltlichen Richtern besetzt und steht unter dem Vorsitz eines Berufsrichters. Seine berufsrichterlichen Mitglieder werden jährlich vom Präsidium des Bundesgerichtshofes bestellt, können also im Wege der Geschäftsverteilung innerhalb des Bundesgerichtshofs auch an anderer Stelle eingesetzt werden. Unter der Voraussetzung des § 131 GVG können sie Sitz und Stimme im Präsidium des Bundesgerichtshofes haben. Sie sind an der gesamtrichterlichen Rechtsprechung des Bundesgerichtshofes beteiligt, da der Senat für Anwaltssachen nach § 106 I 2 teils als Zivil-, teils als Strafsenat im Sinne der §§ 132, 136 GVG gilt.

3. Senat für Anwaltssachen und ordentliche Gerichtsbarkeit

Als unselbständiger Teil des Bundesgerichtshofs ist der Senat für Anwaltssachen der ordentlichen Gerichtsbarkeit zuzurechnen. Denn nach *BVerfGE* 4, 387[14] ist dafür außer dieser organisatorischen Verbindung[15] und der Innehabung des Vorsitzes und der Mehrzahl der Richterstellen durch Richter der ordentlichen Gerichtsbarkeit[16] nur noch erforderlich, daß die Verfahrensbestimmungen nicht „wesensmäßig von den Bestimmungen der Zivilprozeßordnung" oder, wie man allgemeiner formulieren müßte, von den typischen Verfahrensordnungen der ordentlichen Gerichtsbarkeit abweichen[17]. Dieser Forderung ist hier entsprochen, wie die Verweisung der §§ 40 IV, 42 VI auf das FGG zeigt. Auch soweit daneben eigene Verfahrensvorschriften der Bundesrechtsanwaltsordnung gelten oder zur Lückenausfüllung auf verwaltungsgerichtliche Verfahrensgesetze zurückzugreifen ist[18], weichen sie nicht

---

[13] Vgl. *Ule*, DVBl. 1953, 396.
[14] Der trotz aller daran geübten Kritik hier gefolgt werden soll.
[15] a.a.O., S. 404 im Anschluß an *BGHZ* 4, 352.
[16] a.a.O., S. 408.
[17] a.a.O., S. 408.
[18] Darüber ausführlich unten § 14 III.

§ 9 Rechtsstellung der anwaltlichen Richter am Ehrengerichtshof 55

wesensmäßig von den Verfahrensgesetzen der ordentlichen Gerichtsbarkeit ab, sondern „passen die allgemeinen, dort ausgeprägten Rechtsgedanken lediglich sachgerecht der Besonderheit der Materie an"[19]. Für die Zugehörigkeit zur ordentlichen Gerichtsbarkeit ist diese Abweichung daher unschädlich.

§ 9 Rechtsstellung der anwaltlichen Richter am Ehrengerichtshof

I. Rechtsstatus

Grundlegend für die Rechtsstellung der anwaltlichen Richter am Ehrengerichtshof sind die §§ 103 II 1, 95 I 1, 2, wonach sie „als solche während der Dauer ihres Amtes alle Rechte und Pflichten eines Berufsrichters (haben); ihr Amt ist ein Ehrenamt".

1. Ehrenamtliche Tätigkeit

Daraus folgt vor allem, daß sie ehrenamtliche Richter im Sinne der §§ 44, 45 DRG sind, die deshalb auch auf die anwaltlichen Richter am Ehrengerichtshof Anwendung finden.

2. Angleichung an die Berufsrichter

Im übrigen bestimmen sich nach § 45 II DRG ihre Rechte und Pflichten und damit ihre Rechtsstellung „nach den für die einzelnen Gerichtszweige geltenden Vorschriften", hier also nach der Bunderechtsanwaltsordnung. Diese aber verweist in den bereits angeführten §§ 103 II 1, 95 I 1 auf die Rechte und Pflichten des Berufsrichters, enthält also eine Zurückverweisung auf das Deutsche Richtergesetz.

3. Ehrenrichter

Die Rechtsstellung der anwaltlichen Richter am Ehrengerichtshof wird demnach durch zweierlei gekennzeichnet: durch den ehrenamtlichen Charakter der Tätigkeit und ein den Berufsrichtern entsprechendes besonderes Treueverhältnis. Das erste Merkmal teilen die anwaltlichen Richter am Ehrengerichtshof mit den Geschworenen und Schöffen und

---

[19] a.a.O., S. 408.

56   Drittes Kapitel: Gerichte der anwaltlichen Berufsgerichtsbarkeit

den Laienbeisitzern der Verwaltungs- und Sozialgerichtsbarkeit. Diese Richter stehen jedoch nicht in einem besonderen Treueverhältnis zum Staat; sie erfüllen nur die Funktionen eines Richters[1], haben aber nicht dessen Rechts- und Pflichtenstatus. Man kann sie deshalb als schlicht ehrenamtliche Richter bezeichnen. Ihnen stehen gegenüber diejenigen ehrenamtlichen Richter, die außerdem noch in einem besonderen Treueverhältnis zum Staat stehen. Außer den anwaltlichen Richtern am Ehrengerichtshof[2] sind das nach geltendem Recht nur noch die Handelsrichter der ordentlichen Gerichtsbarkeit, die nach § 112 GVG ebenfalls „während der Dauer ihres Amts in Beziehung auf dasselbe alle Rechte und Pflichten eines Richters" haben. Für sie ist allgemein anerkannt, daß sie — nach bisherigem Sprachgebrauch — richterliche Ehrenbeamte sind[3]. Gleiches muß für die anwaltlichen Richter am Ehrengerichtshof gelten, die nach der amtlichen Begründung zu § 95 ausdrücklich in ihrer Rechtsstellung den Handelsrichtern nachgebildet worden sind. Auch sie sind deshalb richterliche Ehrenbeamte oder, wie man sie angesichts der vom Deutschen Richtergesetz verwirklichten Trennung von Beamten- und Richterstatus nennen müßte, Richter im Ehrenrichterverhältnis = Ehrenrichter[4].

II. Besondere Pflichten

Aus der Rückverweisung der §§ 103 II 1, 95 I 1 auf das Deutsche Richtergesetz ergeben sich für die anwaltlichen Richter am Ehrengerichtshof insbesondere die Verpflichtung zur Eidesleistung (§ 38 DRG), zur Zurückhaltung bei der politischen Betätigung (§ 39 DRG) und zur

---

[1] Vgl. etwa § 19 VwGO, § 19 SGG, § 30 GVG.

[2] Während die anwaltlichen Richter am Senat für Anwaltssachen schlicht ehrenamtliche Richter sind; vgl. unten § 10.

[3] *Jellinek*: Verwaltungsrecht (3. Aufl. 1931), § 16 sub III 2 b; HdBDStR II, S. 28 f.; *Peters*: HdBDStR II, S. 103 N. 23; *Fischbach*: Bundesbeamtengesetz 2. Aufl. 1956), § 177 Erl. II 2; *Bochalli*: Bundesbeamtengesetz (2. Aufl. 1958) § 177 Erl. 1; *Plog-Wiedow*: Kommentar zum Bundesbeamtengesetz (1958 ff.), § 177 Rdnr. 1; *Fölsche*: Das Ehrenamt in Preußen und im Reiche (1911), S. 40. Zu weitgehend deshalb *Bettermann*, Grundrechte III/2, S. 589 sub I 1, wonach Laienrichter keine Ehrenbeamten sind. Nach *Peters*, HdBDStR II, S. 101, sollen auch die Mitglieder der früheren Finanzgerichte richterliche Ehrenbeamte gewesen sein.

[4] Der Unterschied zwischen den schlicht ehrenamtlichen anwaltlichen Richtern am Senat für Anwaltssachen und den anwaltlichen Ehrenrichtern am Ehrengerichtshof wird in der Bundesrechtsanwaltsordnung auch darin sichtbar, daß jene (nur) „berufen" (§ 107 I), diese aber „ernannt" (§ 103 I) werden. Über den Unterschied dieses aus dem Beamtenrecht bekannten Begriffspaares vgl. *Fischbach*: Bundesbeamtengesetz, Ergänzungsband zur 2. Aufl. (1959), § 6 Erl. I 1.

§ 9 Rechtsstellung der anwaltlichen Richter am Ehrengerichtshof 57

Wahrung des Berufsgeheimnisses (§ 43 DRG, aber auch § 45 III DRG)[5]. Nach dem für alle ehrenamtlichen Richter geltenden § 45 I 2 DRG haben sie ihre Pflichten getreu dem Grundgesetz für die Bundesrepublik Deutschland und getreu dem Gesetz zu erfüllen. Für die Einhaltung dieser Pflichten sind die anwaltlichen Ehrenrichter in den Grenzen ihrer richterlichen Unabhängigkeit disziplinarrechtlich verantwortlich[6].

III. Stellung bei Ausübung der richterlichen Tätigkeit

Die Gleichstellung mit den Berufsrichtern in den §§ 103 II 1, 95 I 1 bezieht sich auch auf die Ausübung der richterlichen Tätigkeit. Die anwaltlichen Richter am Ehrengerichtshof wirken deshalb an allen richterlichen Aufgaben innerhalb wie außerhalb der mündlichen Verhandlung mit. Bei ihrer rechtsprechenden Tätigkeit sind sie gemäß Art. 20 III GG an Gesetz und Recht gebunden[7], sie genießen dabei die volle richterliche Unabhängigkeit, § 25 DRG, Art. 97 I GG[8].

IV. Abberufung

Nach § 44 II DRG kann ein ehrenamtlicher Richter vor Ablauf seiner Amtszeit nur unter den gesetzlich bestimmten Voraussetzungen und gegen seinen Willen nur durch Entscheidung eines Gerichts abberufen werden.

---

[5] Während für die schlicht ehrenamtlichen anwaltlichen Richter am Senat für Anwaltssachen die Pflicht zur Eidesleistung und zur Verschwiegenheit in der Bundesrechtsanwaltsordnung selbst enthalten ist, §§ 107 IV, 110 II.

[6] Ebenso *Bülow*, § 9 Erl. 5; für die Handelsrichter: Motive zum heutigen § 112 GVG, wiedergegeben bei *Hahn*: Die gesammelten Materialien zu dem Gerichtsverfassungsgesetz, Erste Abteilung (1879), S. 127; *Fölsche*, S. 169; *von Rheinbaben*: Die preußischen Disziplinargesetze (2. Aufl. 1911), S. 416; *Wittland*: Die Preußischen Dienststrafordnungen für Beamte und Richter (1935), S. 655 Rdnr. 10; *Peters*, HdbDStR II, S. 107 mit Anm. 44; *Sydow-Busch*, Zivilprozeßordnung und Gerichtsverfassungsgesetz (22. Aufl. 1941), Erl. zu § 112 GVG; *Wieczorek*, § 113 Erl. A; *Baumbach-Lauterbach*: Zivilprozeßordnung (26. Aufl. 1961), Erl. zu § 112 GVG; *Rosenberg*, § 21 V 4.

[7] Ebenso *Zöller*, Erl. zu § 11 GVG für die ehrenamtlichen Richter der ordentlichen Gerichtsbarkeit; a. M. *Wieczorek*, § 1 GVG Erl. B I a, der diese Richter von jeder Bindung an das Gesetz freistellen will. Ihm (für die anwaltlichen Richter wie überhaupt) folgen, hieße einem klaren Verstoß gegen das Grundgesetz das Wort reden.

[8] Der sich nach *Bettermann*, Grundrechte III/2, S. 541 sub 2, gleichermaßen an Berufs- und ehrenamtliche Richter wendet.

(1) Eine Möglichkeit der Amtsentfernung bei enger gesetzlicher Begrenzung und unter Vorbehalt des Richterspruchs ergibt sich aus den für die Berufsrichter geltenden Disziplinarordnungen, denen auch die anwaltlichen (Ehren-)Richter am Ehrengerichtshof unterworfen sind.

(2) Eine Amtsentfernung kann sich auch aus dem Institut der landesrechtlichen Richteranklage ergeben (Art. 98 V GG). Ich habe keine Bedenken, auch insoweit die anwaltlichen (Ehren-)Richter am Ehrengerichtshof den Berufsrichtern gleichzustellen.

(3) Nach den §§ 103 II 1, 95 II 1 ist ein anwaltlicher Richter des Ehrengerichtshofes auf Antrag der Landesjustizverwaltung seines Amtes zu entheben, wenn nachträglich ein Umstand eintritt, der seiner Ernennung entgegensteht. Zuständig für die Amtsenthebung ist nach § 103 II 3 der Erste Zivilsenat des Oberlandesgerichts (Obersten Landesgerichts), bei dem der Ehrengerichtshof errichtet ist. Rechtspolitisch ist diese Regelung veraltet, nachdem das Deutsche Richtergesetz alle Entscheidungen über die Amtsentfernung eines Berufsrichters — auch, wenn sie, wie hier, keinen disziplinarrechtlichen Charakter haben — bei den Dienstgerichten konzentriert hat[9], und nachdem eben diese Dienstgerichte auch für die Disziplinarsachen der anwaltlichen (Ehren-)Richter zuständig sind. Die Bundesrechtsanwaltsordnung schweigt über das Verfahren, das der Erste Zivilsenat des Oberlandesgerichtes (Obersten Landesgerichtes) bei seiner Entscheidung über den Antrag auf Amtsenthebung anzuwenden hat. Da es sich hier nicht um eine Disziplinarmaßnahme handelt[10], scheidet eine entsprechende Anwendung der geltenden Disziplinarordnungen aus. Auch die von *Wieczorek*[11] zu § 113 GVG entwickelte Kasuistik erscheint wenig geglückt. Den richtigen Weg weist hingegen das Deutsche Richtergesetz, das in seinen §§ 65 I, 66 I 1, 83 für Verfahren über die Amtsentfernung eines Richters die Verwaltungsgerichtsordnung für entsprechend anwendbar erklärt. Nach ihr ist auch hier zu verfahren.

V. Amtsbeendigung durch Amtsablauf

Mit Ablauf der Amtszeit, also nach vier Jahren (§ 103 I), erlischt das Ehrenrichterverhältnis, ohne daß es eines staatlichen Entlassungsaktes

---

[9] Vgl. die §§ 62 und 78 DRG.
[10] So auch *Bülow*, § 95 Erl. 5; ebenso zu dem vergleichbaren § 113 GVG, der nach der amtlichen Begründung zu § 95 hier als Vorbild gedient hat: *Wittland*, Preußische Dienststrafordnungen, S. 655 Rdnr. 10; *von Rheinbaben*, S. 416; *Sydow-Busch*, Erl. zu § 113 GVG; a. A. nur *Baumbach-Lauterbach*, Erl. zu § 113 GVG.
[11] § 113 GVG Erl. B bis B IV.

bedarf. Das ergibt einen Vergleich des § 94 VI, der über § 103 II 1 auch für die anwaltlichen Richter am Ehrengerichtshof gilt, mit § 96 II BRRG. Diese Vorschrift, auf die § 94 IV BRAO offensichtlich zurückgeht, bestimmt, daß ein (Ehren)Beamter auf Zeit mit Ablauf seiner Amtszeit kraft Gesetzes entlassen ist, sofern er nicht anschließend für eine weitere Amtszeit erneut in dasselbe Amt berufen wird.

§ 10 Rechtsstellung der anwaltlichen Richter am Senat für Anwaltssachen beim Bundesgerichtshof

I. Rechtsstatus

Nach § 112 S. 1 üben die anwaltlichen Richter am Senat für Anwaltssachen ein Ehrenamt aus; ihre Rechtsstellung gleicht insoweit derjenigen der anwaltlichen Richter am Ehrengerichtshof. Im Gegensatz zu diesen Richtern haben sie jedoch nicht während der Dauer ihres Amtes, sondern nur in der Sitzung, zu der sie als Beisitzer herangezogen werden, die Rechte und Pflichten eines Berufsrichters, § 110 I. Sie stehen mithin nicht in einem besonderen Treueverhältnis zum Staat, sind keine Ehrenrichter, sondern (nur) schlicht ehrenamtliche Richter.

II. Besondere Pflichten

Sie haben nach § 45 I DRG ihre Pflichten getreu dem Grundgesetz zu erfüllen. Daneben verpflichtet § 107 IV sie zur Eidesleistung und § 110 II BRAO sowie § 45 III DRG zur Verschwiegenheit. Da die anwaltlichen Richter des Senates für Anwaltssachen nur schlicht ehrenamtlich tätig sind, ist die Erfüllung dieser Pflichten nicht disziplinarrechtlich sanktioniert.

III. Stellung bei Ausübung der richterlichen Tätigkeit

Bei der Ausübung ihrer Tätigkeit stehen sie nach § 110 I den Berufsrichtern gleich. Wie diese sind sie an Gesetz und Recht gebunden[1]. Sie genießen volle sachliche Unabhängigkeit, § 45 I 1 DRG, Art. 97 I GG.

---

[1] Art. 20 III GG und oben § 9 III.

IV. Amtsenthebung

Nach § 44 II DRG steht die Amtsenthebung der anwaltlichen Richter am Senat für Anwaltssachen unter dem doppelten Vorbehalt des Gesetzes und des Richterspruchs. Dem entspricht § 109 BRAO, der eine Amtsenthebung auf Antrag des Bundesministers der Justiz durch einen Zivilsenat des Bundesgerichtshofes vorsieht, wenn nachträglich bekannt wird, daß der Anwalt nicht hätte zum Beisitzer berufen werden dürfen, wenn ein Umstand eintritt, welcher der Berufung zum Beisitzer entgegensteht oder wenn der anwaltliche Beisitzer seine Amtspflichten grob verletzt.

§ 11 Zuständigkeiten innerhalb der anwaltlichen Berufsgerichtsbarkeit bei Zulassungsstreitigkeiten

Als letztes müssen die Kompetenzverteilung zwischen Ehrengerichtshof und Senat für Anwaltssachen und die Ausgestaltung des Instanzenzuges dargestellt werden, ehe die anwaltliche Berufsgerichtsbarkeit bei Zulassungsstreitigkeiten auf ihre Grundgesetzmäßigkeit untersucht werden kann.

I. Sachliche Zuständigkeit

Die Verteilung der sachlichen Zuständigkeit zur erstinstanzlichen Entscheidung von Zulassungsstreitigkeiten ist in der Bundesrechtsanwaltsordnung kasuistisch geregelt. Faßt man die einzelen Fälle zusammen, so ergibt sich:

1. Ehrengerichtshof

Der Ehrengerichtshof ist sachlich zuständig bei allen Zulassungsstreitigkeiten mit einer Landesjustizverwaltung oder einem der Landesaufsicht unterliegenden Organ der anwaltlichen Selbstverwaltung, §§ 9 II, 11 II, III, 16 IV, 21 II, 28 III, 29 III, IV, 35 II, 223 III.

2. Senat für Anwaltssachen

Dagegen entscheidet nach den §§ 162 f. der Senat für Anwaltssachen über alle Zulassungsstreitigkeiten mit der Bundesjustizverwaltung oder

§ 11 Gerichtliche Zuständigkeiten bei Zulassungsstreitigkeiten 61

einem der Bundesaufsicht unterliegenden Organ der anwaltlichen Selbstverwaltung. Folgte man dem Wortlaut des § 163, so wäre allerdings auch in diesen Fällen der Ehrengerichtshof sachlich zuständig, wenn und soweit sich der Antrag auf gerichtliche Entscheidung auf die Generalklausel des § 223 stützt. Denn § 163 begründet die Zuständigkeit des Senates für Anwaltssachen nur für Zulassungsstreitigkeiten aus dem Ersten bis Siebenten Teil der Bundesrechtsanwaltsordnung, und die Generalklausel des § 223 steht nicht dort, sondern im Zwölften Teil, in den Übergangs- und Schlußvorschriften. Diese enge Fassung des § 163 dürfte kaum beabsichtigt sein, da kein Grund ersichtlich oder in den Gesetzesmaterialien ausgewiesen ist, der es rechtfertige, den Rechtsschutz bei Zulassungsstreitigkeiten mit Bundesorganen teils dem Ehrengerichtshof, teils dem Senat für Anwaltssachen zu übertragen. Die in den Schlußvorschriften versteckte Generalklausel wurde bei der Abfassung des § 163 vermutlich übersehen. Er ist deshalb korrigiert dahin zu lesen, daß für alle Zulassungsstreitigkeiten mit Bundesorganen oder Organen der anwaltlichen Selbstverwaltung, die der Bundesaufsicht unterliegen, der Senat für Anwaltssachen beim Bundesgerichtshof an die Stelle des Ehrengerichtshofes tritt[1].

II. Örtliche Zuständigkeit

Die Regelung der örtlichen Zuständigkeit bietet gesetzestechnisch das gleiche Bild einer unübersichtlichen Kasuistik. Ihr liegt einheitlich der Gedanke zugrunde, daß örtlich derjenige Ehrengerichtshof zuständig sein soll, in dessen Bezirk der Antragsteller zugelassen oder bestellt ist oder werden will. Dieses Prinzip wird in den §§ 9 II 2, 11 II 2, 16 IV 2, 21 II 2, 28 III 4, 29 III 4, 35 II 6 verdunkelt, indem ohne sachliche Notwendigkeit der Bezirk des Oberlandesgerichtes (!), bei dem der Ehrengerichtshof errichtet ist, als Bezugspunkt für die örtliche Zuständigkeit gewählt ist. Der Sache nach geht es jedoch um den Bezirk des Ehrengerichtshofes, nicht um den des Oberlandesgerichts. Der Unterschied wird praktisch, wenn sich die Bezirke von Ehrengerichtshof und Oberlandesgericht nicht decken, weil die Zuständigkeit des Ehrengerichtshofes nach § 100 II oder III auch auf die Bezirke benachbarter Oberlandesgerichte ausgedehnt worden ist. Dieser Fall würde nicht erfaßt, wenn man mit dem Wortlaut des Gesetzes auf den Bezirk des Oberlandesgerichts abstellte, bei welchem der Ehrengerichtshof errichtet ist. Greift man dagegen auf das eingangs ermittelte Prinzip zurück, so lassen sich

---
[1] Wie hier im Ergebnis *Bülow*, § 106 Erl. 2 sub b, der aber die zu enge Fassung des § 163 übersieht.

auch diese Fälle mühelos einordnen. Nicht geregelt ist die örtliche Zuständigkeit für Zulassungsstreitigkeiten nach den §§ 11 III, 29 IV, 223 I und II (!). Auch hier ist nach dem der Kasuistik innewohnenden Prinzip örtlich der Ehrengerichtshof zuständig, in dessen Bezirk der Antragsteller zugelassen oder bestellt ist oder werden will.

III. Senat für Anwaltssachen als Beschwerdegericht

Der Senat für Anwaltssachen ist bei Zulassungsstreitigkeiten nicht nur erstinstanzliches Gericht. Nach § 42 entscheidet er über das Rechtsmittel der sofortigen Beschwerde, wenn der Ehrengerichtshof ein Begehren auf Feststellung, daß der in dem Gutachten des Vorstandes der Rechtsanwaltskammer angeführte Versagungsgrund nicht vorliegt, auf Zulassung zur Rechtsanwaltschaft, auf Aufhebung der Zurücknahme der Zulassung zur Rechtsanwaltschaft, auf Zulassung bei einem Gericht oder auf Aufhebung der Zurücknahme der Zulassung bei einem Gericht zurückgewiesen hat. Da es sonstige Rechtsmittel gegen die Entscheidungen des Ehrengerichtshofs in Zulassungssachen nicht gibt, insbesondere keine einfache Beschwerde[2], folgt daraus, daß der Ehrengerichtshof in allen von § 42 nicht erfaßten Streitigkeiten, also insbesondere dann, wenn sich der Antrag auf gerichtliche Entscheidung auf § 223 stützt, erst- und zugleich letztinstanzlich entscheidet.

§ 12 Ehrengerichtshof und Grundgesetz

An den Ehrengerichtshof für Rechtsanwälte stellen sich aus verfassungsrechtlicher Sicht drei Fragen: ob er überhaupt Gericht im Sinne des Grundgesetzes ist, ob er als Sondergericht vor der Verfassung bestehen kann und ob seine erst- und letztinstanzliche Zuständigkeit bei allen von § 42 nicht erfaßten Zulassungsstreitigkeiten grundgesetzmäßig ist.

I. Gerichtsqualität des Ehrengerichtshofs

Im Vordergrund steht wegen Art. 19 IV GG die Frage, ob es sich bei dem Ehrengerichtshof um ein Gericht im Sinne des Grundgesetzes[1]

---

[2] Dazu unten § 20 I.
[1] Dessen Gerichtsbegriff nach *BVerfGE* 4, 331 (334) einheitlich für alle Gerichtszweige, für allgemeine wie für Sondergerichte gilt.

handelt, um eine Staatsbehörde also, die speziell zum Zwecke der Rechtsprechung geschaffen ist[2]. Das ist zu bejahen[3].

1. Staatliche Behörde

Der Ehrengerichtshof ist *staatliche* Behörde[4]: Er beruht auf staatlichem Gesetz[5] und unterliegt staatlicher Aufsicht (§§ 100 I 2, 92 III); seine Richter werden, wenn auch beschränkt durch das Vorschlagsrecht des Kammervorstands, vom Staat ernannt (§§ 102, 103)[6], sind staatliche Beamte[7], und dem Staat steht die Organisationsgewalt zu: nur er kann die Bezirke mehrerer Ehrengerichtshöfe zusammenlegen (§ 100 II, III), bestimmt die Zahl der Senate (§ 101 II), ernennt den Präsidenten und die übrigen Vorsitzenden (§§ 101 III, 93 II), legt die Gesamtzahl der Richter fest (§§ 103 II 1, 94 II 3) und bestätigt die Geschäftsordnung des Gerichts (§ 105 II). Demgegenüber ist es unschädlich, daß kein Berufsrichter, sondern ein Rechtsanwalt Vorsitzender des Spruchkörpers ist[8]. Auch das zahlenmäßige Übergewicht der (drei) anwaltlichen Richter über die (zwei) Berufsrichter stellt — da sie alle staatliche (Ehren-)Richter sind — den staatlichen Charakter des Ehrengerichtshofes nicht in Frage[9].

---

[2] So *Bettermann*, Grundrechte III/2, S. 634 sub 6 a, dem hier gefolgt wird. Vgl. auch H. J. *Wolff*, MDR 1951, 67; *Schaefer*, DÖV 1951, 653; BVerfGE 1, 4; 4, 74; *BVerwG*, DVBl. 1959, 365; *OVG Münster* 12, 7.

[3] Ebenso Karl *Weber*, Anw.Bl. 1959, 236; *Gause*, DRiZ 1959, 378; *Kalsbach*, § 100 Erl. 1; *Ule*, § 40 Erl. IV 2 f.; *Ostermann*, S. 95. Ebenso zu den Entwürfen der Bundesrechtsanwaltsordnung: *Hamann*, NJW 1958, 814; *Bettermann*, Grundrechte III/2, S. 631 Anm. 594. Dagegen war die Gerichtsqualität der vor Erlaß der Bundesrechtsanwaltsordnung auf landesgesetzlicher Grundlage errichteten Ehrengerichte und Ehrengerichtshöfe vielfach zweifelhaft. Vgl. aus der umfangreichen Judikatur: BVerwGE 2, 95 = NJW 1955, 1530; NJW 1958, 1696 = DVBl. 1958, 709; NJW 1958, 1697; JR 1959, 153; *Bay. VerfGH* in VGH n. F. 4 II 30 (42 f.); *Hess. StGH*, DÖV 1954, 946; *Hess. VGH*, NJW 1954, 1262 = DÖV 1954, 251; *OVG Münster*, DÖV 1959, 157; *OVG Hamburg*, DVBl. 1951, 694; *Württ.-Bad. VGH* ESVGH 2, 1; *VG Berlin*, JR 1958, 434; *EGH br. Z.*, EGHE V S. 247.

[4] Ebenso *Ostermann*, S. 93 f. Es kann deshalb dahinstehen, ob oder inwieweit angesichts BVerfGE 10, 200 (214 ff.) auch Selbstverwaltungsorgane mit der Ausübung staatlicher Gerichtsbarkeit betraut werden können.

[5] Darauf stellen auch ab BVerfGE 4, 74 (92); *OVG Münster* 12, 7 (8).

[6] Die staatliche Ernennung der Richter soll nach *OVG Münster* 12, 7 (9) für die Gerichtsqualität allerdings nicht erforderlich sein.

[7] s. oben § 9.

[8] Vgl. *Bettermann*, Grundrechte III/2, S. 641, der nur bei den grundgesetzlich vorgesehenen Gerichten, nicht aber bei Sondergerichten, einen berufsrichterlichen Vorsitzenden verlangt. *Dernedde*, DVBl. 1954, 21, fordert dagegen für alle erst- und letztinstanzlich entscheidenden Gerichte einen Vorsitzenden mit berufsrichterlicher Qualifikation.

[9] *Heins*, NJW 1955, 281 f.; *Kalsbach*, Erl. zu § 104 und allgemein *Bettermann*, Grundrechte III/2, S. 640. Auch die in anderem Zusammenhang vom *VGH Freiburg*, NJW 1952, 317 (319) geäußerten Bedenken gegen ein Überwiegen von

Aus alldem folgt[10], daß der Ehrengerichtshof staatliche Rechtsprechungsgewalt ausübt.

2. Rechtsprechungsbehörde

Dem Ehrengerichtshof obliegen, von Maßnahmen der internen Gerichtsverwaltung abgesehen, nur Aufgaben der Rechtsprechung. Denn er gewährt bei der Entscheidung von Zulassungsstreitigkeiten Rechtsschutz gegenüber den vom Antragsteller behaupteten Rechtsverletzungen durch ein Organ der berufsregelnden zweiten Gewalt. Auch seine disziplinargerichtliche Tätigkeit sowie die Entscheidung von aufsichts- und organisationsrechtlichen Streitigkeiten[11] stellt sich als Rechtsprechung im materiellen Sinne dar[12].

3. Organisatorische Selbständigkeit

Der Ehrengerichtshof ist — auch dies ein Essentiale des Gerichtsbegriffs[13] — organisatorisch von den Organen der ersten und zweiten Gewalt getrennt, insbesondere von denen der anwaltlichen Selbstverwaltung. Diese haben, von ihrem Vorschlagsrecht bei der Richterernennung und einem Konsultationsanspruch[14] abgesehen, keine Möglichkeit, auf den Ehrengerichtshof einzuwirken. Die gleichen Umstände, die den Ehrengerichtshof zum staatlichen Gericht machen, verbieten es, ihn der anwaltlichen Selbstverwaltung und damit der zweiten Gewalt zuzurechnen[15].

4. Personelle Selbständigkeit

Auch personell besteht eine weitgehende, wenn auch nicht vollständige Trennung von der zweiten Gewalt: Die anwaltlichen Richter dürfen nach

---

Laienrichtern bei einem erst- und letztinstanzlichen Gericht treffen ihrem Sinne nach hier nicht zu, da dort ganz offensichtlich die nichtrechtsgelehrten Laienrichter gemeint sind. In gleicher Weise bezieht *Bachof*: Wehrpflichtgesetz und Rechtsschutz (1957), S. 31 ff., seine Kritik auf die nichtrechtsgelehrten Laienrichter.

[10] In Anlehnung an die Schlußfolgerung, die *BVerfGE* 10, 200 (214 f.) aus ähnlichen Merkmalen bei den Gemeindefriedensgerichten zieht.
[11] Vgl. oben Einleitung.
[12] Vgl. *Ostermann*, S. 54 ff.
[13] *Bettermann*, Grundrechte III/2, S. 633 sub 3, S. 637 sub IV.
[14] §§ 100 II, 2, 101 II 2, 101 III 2 i. V. 93 II, 103 II 1 i. V. 95 II 3.
[15] So auch *Ostermann*, S. 88 ff.; anders aber anscheinend *Rosenberg*, § 28 VII, wonach die Rechtsanwaltskammer (!) die Ehrengerichtsbarkeit über ihre Mit-

den §§ 103 II 1, 94 III 2 nicht gleichzeitig dem Vorstand der Rechtsanwaltskammer angehören oder bei ihr im Haupt- oder Nebenberuf tätig sein. Dagegen sind sie alle — als Folge der in § 60 I begründeten Zwangsmitgliedschaft — (einfache) Mitglieder der Rechtsanwaltskammer. Das ist nicht zu beanstanden, wenn und soweit der Ehrengerichtshof als Disziplinargericht typisch standesgerichtliche Aufgaben wahrnimmt[16], stößt aber bei seinen verwaltungsgerichtlichen Funktionen angesichts der von Art. 97 I GG postulierten und garantierten Neutralität der Richter auf Bedenken. Denn es entscheiden damit die (drei) Mitglieder eines Standes über Aufnahme und Verbleib in ihren Stand unter Anwendung von Normen, die in § 7 Nr. 5 bis 8 einen nicht unerheblichen Beurteilungsspielraum enthalten. Berücksichtigt man ferner, daß bei der Zulassung zur Rechtsanwaltschaft der Vorstand der Rechtsanwaltskammer das Vorliegen dieser Versagungsgründe des § 7 Nr. 5 bis 8 mit bindender Wirkung gegenüber der Justizverwaltung bejahen kann[17], so ergibt sich nach geltendem Recht ein nicht unbedeutender Einfluß der Rechtsanwaltschaft auf die anwaltliche Berufszulassung. Zur Rechtfertigung der Beteiligung von Standesgenossen an der Entscheidung von Zulassungsstreitigkeiten ist demgegenüber auf die berechtigte Forderung nach „sachnahen" Richtern[18] und darauf hinzuweisen, daß die institutionelle Inkompatibilität von Vorstands- und Richteramt die anwaltlichen Richter zwar nicht zu (an der Sache) uninteressierten, aber doch zu unbeteiligten Dritten macht. Beides reicht aus, um die Besetzung der anwaltlichen Berufsgerichte mit rechtsanwaltlichen Richtern auch bei der Entscheidung von Zulassungsstreitigkeiten gegenüber Art. 97 I GG bestehen zu lassen.

5. Unabhängigkeit der Richter

Soweit man die richterliche Unabhängigkeit ganz oder teilweise zur Voraussetzung der Gerichtseigenschaft rechnet[19], ist auch dieses Merkmal erfüllt. Alle Richter genießen volle Entscheidungsfreiheit und können nur unter gesetzlich genau umgrenzten Voraussetzungen und nur durch Richterspruch ihres Amtes enthoben werden.

---

glieder ausübt. Vgl. auch die Polemik gegen dererlei Formulierungen bei *OVG Münster* 12, 7 (8 f.).

[16] *Bettermann*, Grundrechte III/2 S. 625 sub 4.
[17] S. oben § 2 I 1 a (2).
[18] Die nach *Lerche*: Grundrechte der Soldaten, in: Die Grundrechte, Bd. IV/1 (1960) S. 447 ff., S. 515 sub c, verfassungsrechtlichen Gehalt hat.
[19] So etwa *OVG Münster* 12, 7 (9 ff.) und *BVerfGE* 4, 331 (344 ff.). Zu dieser Frage allgemein und mit Nachweisen *Bettermann*, Grundrechte III/2 S. 635.

Drittes Kapitel: Gerichte der anwaltlichen Berufsgerichtsbarkeit

6. Gerichtsqualität und rechtsstaatliches Verfahren

Dagegen gehört es nicht zu den Wesensmerkmalen eines Gerichtes, daß es über ein gesetzlich geregeltes und rechtsstaatlich ausgerichtetes Verfahren verfügt. Vielmehr ergeben sich umgekehrt die verfahrensrechtlichen Mindestforderungen aus der Gerichtseigenschaft einer Behörde[20]. Auf das Verfahren bei Zulassungsstreitigkeiten braucht deshalb an dieser Stelle nicht eingegangen zu werden.

II. Ehrengerichtshof als Sondergericht

Als Sondergericht[21] ist der Ehrengerichtshof an Art. 101 II GG zu messen. Nach dieser Vorschrift dürfen Sondergerichte nur für „besondere Sachgebiete" errichtet werden. Damit ist jede Sondergerichtsbarkeit für bestimmte Personengruppen verboten. Die Zuständigkeit von Sondergerichten darf nur nach Sach- oder Rechtsgebieten, also nur nach dem Streitgegenstand bestimmt werden[22]. Der Ehrengerichtshof entscheidet über Zulassungsstreitigkeiten, also über Rechtsstreitigkeiten nicht haftungsrechtlicher Art, die sich aus dem Vollzug der Bundesrechtsanwaltsordnung zwischen Anwälten, Anwaltsbewerbern oder Anwaltsvertretern und der berufsregelnden zweiten Gewalt als solcher ergeben[23]. Diese Zuständigkeit ist sach- und personenbezogen zugleich. Sie ist personenbezogen, soweit sie auf die (aktuelle oder virtuelle) anwaltliche Eigenschaft abstellt; sie ist dagegen sachbezogen, soweit sie eine Maßnahme der Berufsregelung verlangt. Durch diese Sachbezogenheit verliert der Ehrengerichtshof den Charakter eines Personengruppen-Gerichtes. Er ist kein Gericht für Anwälte, sondern für die Zulassungsstreitigkeiten der Anwälte. Entscheidend ist nicht (allein) die Person des Streitenden, sondern der Gegenstand des Streits. Das aber bedeutet, daß der Ehrengerichtshof für ein bestimmtes Sachgebiet, die anwaltlichen Zulassungsstreitigkeiten, errichtet ist. Damit ist er mit Art. 101 II GG vereinbar[24].

---

[20] Vgl. *Bettermann*, Grundrechte III/2 S. 641 mit ausführlicher Begründung. Dort auch in Anm. 638 Nachweis der Gegenmeinung, zu der *BVerwGE*, MDR 1957, 633 und *OVG Münster* 12, 7 (11 ff.) nachzutragen sind.

[21] Vgl. *Bülow*, Einf. sub 3 a; *Ostermann*, S. 111, die den Ehrengerichtshof übereinstimmend als besonderes Verwaltungsgericht bezeichnen.

[22] *Bettermann*, Grundrechte III/2 S. 573.

[23] s. oben § 3.

[24] Im Ergebnis ebenso für die Heilberufsgerichte *Bettermann-Josephi:* in: *Kuhns*, Das gesamte Recht der Heilberufe (1958), S. I/247.

III. Verfassungsmäßigkeit der Zuständigkeiten

Einer verfassungsrechtlichen Betrachtung bedarf die erst- und letztinstanzliche Zuständigkeit des Ehrengerichtshofs in allen von § 42 nicht erfaßten Fällen, also insbesondere dann, wenn sich der Antrag auf gerichtliche Entscheidung auf § 223 stützt. Hierzu ist festzustellen, daß das Grundgesetz weder in Art. 19 IV[25] noch aus allgemeinen rechtsstaatlichen Prinzipien[26] für jeden Fall und ohne Ausnahme einen mehrstufigen Rechtsschutz fordert. Gleichwohl wird man, entsprechend überkommenen Vorstellungen, die Garantie des Art. 19 IV GG regelmäßig als Gewährleistung einer zumindest zweistufigen Gerichtsbarkeit zu verstehen haben[27], sofern nicht sachgerechte Gründe eine Reduzierung auf bloß eine Instanz rechtfertigen[28]. Als Gründe dieser Art werden die Vorschaltung eines justizförmigen Verwaltungsverfahrens[29], die geringe Bedeutung einer Streitigkeit[30] oder die besondere Qualität des erkennenden Gerichtes[31] genannt. Davon scheidet der erste Rechtfertigungsgrund hier aus, da den Zulassungsstreitigkeiten kein förmliches Verwaltungsverfahren und kein den §§ 68 ff. VwGO entsprechendes Vorverfahren vorausgeht[32]. Die beiden anderen Gründe treffen dagegen auf das berufsgerichtliche Verfahren zu. Denn für alle „existenzberührenden", alle wichtigen Streitigkeiten eröffnet § 42 einen zweistufigen Rechtsweg. Nur Streitigkeiten von relativ untergeordneter Bedeutung — etwa über Ausnahmen vom Zweigstellenverbot oder der Residenzpflicht — werden erst- und letztinstanzlich vom Ehrengerichtshof entschieden. Hinzu kommt, daß sich der Ehrengerichtshof durch besondere Sachkunde auszeichnet, und so den teilweisen Wegfall der zweiten Instanz kompensiert: Seine fünf Mitglieder besitzen die Befähigung zum Richteramt, und drei von ihnen verfügen als Rechtsanwälte über praktische Erfahrungen auf standesrechtlichem Gebiet.

---

[25] *Bachof*, Wehrpflichtgesetz und Rechtsschutz, S. 50 f.; *Bettermann*, Grundrechte III/2 S. 790 m. w. N.
[26] *BVerfGE* 4, 74 (94 f.); *BVerwGE* 1, 60; MDR 1957, 634; 1960, 948.
[27] *Bachof*, a.a.O., S. 51; *BVerfGE* 4, 387 (411 f.).
[28] So für die ordentliche Gerichtsbarkeit *BVerfGE* 4, 387 (412) und allgemein *Bachof*, a.a.O., S. 51.
[29] *BVerfGE* 4, 387 (411 f.) und wohl *Lerche*, Grundrechte IV/1 S. 513; kritisch *Bachof*, a.a.O., S. 51 f.
[30] Sog. Bagatellsachen; vgl. *Bachof*, a.a.O., S. 16; *Lerche*, Grundrechte IV/1 S. 513 sub B a; *BVerfGE* 4, 387 (411).
[31] *BVerfGE* 4, 205 (212); *Bachof*, a.a.O., S. 52 f.
[32] Dazu unten § 17 V.

68 Drittes Kapitel: Gerichte der anwaltlichen Berufsgerichtsbarkeit

§ 13 Senat für Anwaltssachen und Grundgesetz

Die Verfassungsmäßigkeit des Senates für Anwaltssachen ist in folgender Hinsicht zu untersuchen: ob er Gericht im Sinne des Grundgesetzes ist (I), ob es dem Bund erlaubt ist, am Bundesgerichtshof einen besonderen Spruchkörper einzurichten (II), diesen mit der Entscheidung von verwaltungsrechtlichen Streitigkeiten zu betrauen (III) und dabei teilweise erst- und letztinstanzlich entscheiden zu lassen (IV).

I. Gerichtsqualität des Senates für Anwaltssachen

Der Senat für Anwaltssachen ist Gericht im Sinne des Grundgesetzes; er ist staatliche Behörde, da er auf staatlichem Gesetz beruht, seine Richter vom Staat berufen werden, er als Spruchkörper überwiegend mit Berufsrichtern besetzt ist und den Vorsitz ein Berufsrichter führt[1]. Organisatorisch ist er von den Organen der anderen Staatsgewalten getrennt, und ihm obliegen, von Maßnahmen rein interner Natur abgesehen, nur Aufgaben der Rechtsprechung. Seine Richter sind, falls man auch das zur Voraussetzung der Gerichtsqualität machen darf, sachlich wie persönlich unabhängig.

II. Sondergericht?

Nach Art. 92 GG wird die rechtsprechende Gewalt durch das Bundesverfassungsgericht, die im Grundgesetz vorgesehenen Bundesgerichte und die Gerichte der Länder ausgeübt. Daraus folgt, daß der Bund nur durch die im Grundgesetz ausdrücklich aufgezählten Bundesgerichte rechtsprechen darf; alle weitere Gerichtsbarkeit muß von Verfassung wegen Gerichtsbarkeit der Länder sein. Der Bund darf durch Bundesgesetz zwar Landessondergerichte[2], aber keine Bundessondergerichte errichten[3]. Der Senat für Anwaltssachen beim Bundesgerichtshof wäre deshalb verfassungswidrig, falls es sich bei ihm um ein selbständiges

---

[1] Das muß nach Bettermann, Grundrechte III/2 S. 640, von Verfassungs wegen bei allen in Art. 96 GG aufgezählten Gerichtsbarkeiten der Fall sein.
[2] Wie den Ehrengerichtshof für Rechtsanwälte.
[3] *Friesenhahn*, DV 1949, 480; *von Mangoldt*, Art. 92 Anm. 4; Art. 96 Anm. 2; Art. 101 Anm. 4; *Scheuner*, DÖV 1953, 521; *Ule*, DVBl. 1953, 397; *Bettermann*, Grundrechte III/2 S. 574 sub c; S. 637 Anm. 621; *Bülow*, Vorbem. § 106, *BVerfGE* 8, 144 (176); 10, 200 (213); unrichtig *Maunz*: Deutsches Staatsrecht (11. Aufl. 1961), S. 244 f.

Gericht, ein Bundessondergericht, handelte. Wie gezeigt[4], ist das indes nicht der Fall: Der Senat für Anwaltssachen ist ein unselbständiger Teil des Bundesgerichtshofs, hat also als solcher nicht die Eigenschaften eines selbständigen Gerichtes und kann daher kein (unzulässiges) Bundessondergericht sein.

III. Vereinbarkeit mit Art. 96 I GG

Es ist weiter zu klären, ob die Entscheidung von Zulassungsstreitigkeiten durch den von seinem Senat für Anwaltssachen repräsentierten Bundesgerichtshof mit Art. 96 I GG vereinbar ist. Das wäre zu verneinen, wenn das dort ausgesprochene Gebot zur Errichtung eines oberen Bundesgerichtes für das Gebiet der Verwaltungsgerichtsbarkeit zugleich dahin verstanden werden müßte, daß spezifisch verwaltungsrechtliche Streitigkeiten — und das sind die Zulassungsstreitigkeiten[5] — von keinem anderen oberen Bundesgericht als dem Bundesverwaltungsgericht entschieden werden dürfen[6]. Dem Wortlaut des Art. 96 I GG läßt sich eine strikte Kompetenzordnung dieser Art nicht entnehmen, und sie dürfte auch kaum praktischen Bedürfnissen entsprechen. Die Kompetenzabgrenzung zwischen ordentlichen und Verwaltungsgerichten, die nach geltendem Recht an Hand der materiellrechtlichen Natur des Streitgegenstandes (§ 13 GVG, § 40 I VwGO) vorgenommen wird und keine Rücksicht auf den Sach- oder Lebensbereich der Streitigkeit nimmt, macht es zuweilen notwendig, das Prinzip der Funktionsreinheit[7] aus Zweckmäßigkeitsgründen zu durchbrechen[8]. Es ist nicht ersichtlich, daß Art. 96 I GG dem im Wege stehen will, zumal die Zuweisung öffentlich-rechtlicher Streitigkeiten an die ordentlichen Gerichte seit jeher üblich gewesen und in Art. 14 III 4, 34 (3), 19 IV 2 auch dem Grundgesetz selbst bekannt ist. Man wird diese Durchbrechungen allerdings auf den Ausnahmefall zu beschränken haben[9]. Wird die Ausnahme zur Regel, erreicht die Summe der Durchbrechungen ein solches Ausmaß, daß die Verwaltungsrechtsprechung nicht mehr in der Hauptsache bei dem oberen Bundesgericht der Verwaltungsgerichtsbarkeit zusammenläuft, dann wäre, wie man in Anlehnung an Art. 19 II GG formulieren könnte,

---

[4] Oben § 8 III.
[5] Oben § 4 I.
[6] So vor allem *Ule*, DVBl. 1959, 541; Verwaltungsgerichtsbarkeit, § 2 Erl. III 1; *Klinger*, § 40 Erl. B 2; *Zweigert*, in: *Müller-Henneberg-Schwartz*: Gesetz gegen Wettbewerbsbeschränkungen (1958), Bem. 2 und 3 vor § 62; gegen ein solches Monopol der Verwaltungsgerichte BVerfGE 4, 387 (399).
[7] *Lerche*: Ordentlicher Rechtsweg und Verwaltungsrechtsweg (1953), S. 90.
[8] Paradigma ist der privatrechtsgestaltende Verwaltungsakt.
[9] Ähnlich zu Art. 107 WRV *Anschütz*: Die Verfassung des Deutschen Reichs (14. Aufl. 1933), Art. 107 Erl. 1 mit Anm. 1 auf S. 496.

Art. 96 I GG in seinem Wesensgehalt verletzt. Noch ist dieser Punkt nicht erreicht. Die ständigen Kompetenzdurchbrechungen in der neueren Gesetzgebung lassen es jedoch nicht als ausgeschlossen erscheinen, daß der noch wenig erforschte Gedanke von der Summierung isoliert zulässiger Durchbrechungen zu einer verfassungswidrigen Größe[10] eines Tages praktische Bedeutung erlangt.

IV. Verfassungsmäßigkeit der Zuständigkeiten

Zur erstinstanzlichen Zuständigkeit des Senates für Anwaltssachen[11] ist zunächst festzustellen, daß es kein verfassungsrechtliches Gebot gibt, demzufolge gegenüber Maßnahmen der (obersten) Bundesbehörden stets vor Gerichten des Bundes Recht zu suchen ist. Nach geltendem Recht sind dafür vielmehr regelmäßig in erster Instanz die Gerichte der Länder zuständig[12]. Andererseits ist es aber von Verfassungs wegen auch nicht verboten, die Bundesgerichte des Art. 96 I GG erstinstanzlich für zuständig zu erklären. Zwar ergibt ihre Bezeichnung als „obere" Bundesgerichte, daß sie regelmäßig als Rechtsmittelgerichte gedacht sind[13]; entsprechend überkommenen Vorbildern wird man die Zuständigkeit des Bundesgesetzgebers zur Regelung von Gerichtsverfassung und -verfahren der oberen Bundesgerichte[14] jedoch dahin zu verstehen haben, daß er in sachlich begründeten Fällen[15] auch ihre erstinstanzliche Zuständigkeit begründen kann[16]. Eine solche Berechtigung ergibt sich im vorliegenden Fall aus der besonderen Bedeutung der Rechtsanwaltschaft beim Bundesgerichtshof, die es verständlich macht, daß mit dem Senat für Anwaltssachen ein besonders sachnahes Gericht zur Entscheidung der im Zusammenhang mit der Zulassung beim Bundesgerichtshof entstehenden Zulassungsstreitigkeiten bereitgestellt wird.

Andererseits ist auch hier der Gedanke des Art. 19 II GG zu beachten und zu fordern, daß die erstinstanzliche Zuständigkeit der oberen Bundesgerichte auf den Ausnahmefall beschränkt bleibt, da sonst jene Vorstellung in ihrem Wesen verletzt wird, derzufolge die oberen Bundesgerichte regelmäßig Rechtsmittelgerichte sein sollen.

---

[10] Dazu auch E. R. *Huber*, DÖV 1956, 142.
[11] Vgl. oben § 11 I 2.
[12] Arg. § 11 BVerwGG.
[13] *BVerfGE* 8, 174 (177).
[14] Die sich nicht aus Art. 74 Nr. 1 GG ergibt, sondern aus der Natur der Sache dem Bunde in ausschließlicher Kompetenz zusteht; *Bettermann*, ZZP 70, 169 m. w. N. in Anm. 16.
[15] Vgl. *BVerfGE* 8, 174 (177), welches (etwas enger) das Willkürverbot des Art. 3 GG zur Grenzziehung verwendet.
[16] Einschränkend *Ule*, JZ 1953, 683.

Viertes Kapitel

Über das Verfahren bei der Entscheidung von Zulassungsstreitigkeiten

Einer Untersuchung des Verfahrens bei der Entscheidung von Zulassungsstreitigkeiten stellt sich zunächst und vor allem die Aufgabe, dessen gesetzliche Grundlagen zu ermitteln. Erst danach kann Einzelfragen nachgegangen werden. Dabei wird keine umfassende und geschlossene Darstellung des Prozeßrechts erstrebt. Die folgenden Beiträge sollen vielmehr ausschließlich aufzeigen, daß der Gesetzgeber der Bundesrechtsanwaltsordnung auf verfahrensrechtlichem Gebiet „in einer Weise improvisiert, die in ihrer Systemlosigkeit schwer überboten werden kann"[1], welche Unzulänglichkeiten sich daraus für den Rechtsschutz bei Zulassungsstreitigkeiten ergeben und auf welche Weise de lege lata Abhilfe geschaffen werden kann.

§ 14 Gesetzliche Grundlagen des gerichtlichen Verfahrens bei Zulassungsstreitigkeiten

Die gesetzlichen Grundlagen für das (berufs-)gerichtliche Verfahren bei Zulassungsstreitigkeiten finden sich in verschiedenen Gesetzen; Unübersichtlichkeit und Unklarheit sind die Folge.

I. Bundesrechtsanwaltsordnung

Verfahrensvorschriften finden sich in der Bundesrechtsanwaltsordnung selbst, vornehmlich in deren Drittem Abschnitt, den §§ 37 bis 42, die „Das Verfahren bei Anträgen auf gerichtliche Entscheidung in Zulassungssachen" überschrieben sind. Verfahrensrecht enthalten ferner verschiedene Einzelbestimmungen, wie die §§ 9, 11, 16, 21, 28, 29, 35 und 223. Dabei fällt auf, daß die Bundesrechtsanwaltsordnung teilweise wörtlich Bestimmungen der früheren Verwaltungsgerichtsgesetze übernimmt.

---

[1] So zum Wehrpflichtgesetz *Bachof*, Wehrpflichtgesetz und Rechtsschutz, S. 7.

Viertes Kapitel: Das Verfahren bei Zulassungsstreitigkeiten

II. Subsidiäre Geltung des FGG

Auf das Verfahren erster Instanz vor Ehrengerichtshof und Senat für Anwaltssachen sind im übrigen nach den §§ 40 IV, 163 die Vorschriften des Gesetzes über die Angelegenheiten der freiwilligen Gerichtsbarkeit entsprechend anzuwenden; und nach § 42 VI gelten für das Verfahren zweiter Instanz die Vorschriften des FGG sinngemäß. Beide Verweisungen decken sich, da zwischen „entsprechender Anwendung" und „sinngemäßer Geltung" kein sachlicher Unterschied besteht. Die Verweisung auf das FGG bedarf indes der Eingrenzung.

1. Allgemeine Vorschriften des FGG

Es können mit der Verweisung nur die allgemeinen Vorschriften des FGG, die §§ 1 bis 34, gemeint sein. Die weiteren Bestimmungen über das Verfahren bei Vormundschaftssachen, Annahme an Kindes Statt, Personenstand, Nachlaß-, Teilungs-, Handels- und Vereinssachen, Güterrechtsregister, Offenbarungseid, Untersuchung und Verwahrung von Sachen, Pfandverkauf, gerichtliche und notarielle Urkunden, die ersichtlich in keinem Zusammenhang mit den Zulassungsstreitigkeiten stehen, scheiden als Spezialvorschriften aus.

2. Ausführungsgesetze der Länder?

Soweit das FGG Ausführungsgesetze der Länder zuläßt, sind diese auch dann nicht entsprechend anzuwenden, wenn sie allgemeine Verfahrensvorschriften enthalten[2]. Denn das „Gesetz" über die Angelegenheiten der freiwilligen Gerichtsbarkeit, von dem die §§ 40 IV, 42 VI sprechen, ist das „Reichs"-Gesetz, wie die vergleichbare Verweisung des § 29 II EGGVG es formuliert. Daß zwischen den Bezeichnungen „Gesetz" und „Reichsgesetz" hier ein sachlicher Unterschied bestehen soll, ist kaum anzunehmen. Diese Auslegung entspricht darüber hinaus dem Gedanken der Rechtseinheit, die gefährdet wäre, wenn erhebliche Teile des Verfahrensrechtes landesrechtlicher und damit oft unterschiedlicher Regelung unterlägen.

---

[2] Wie das bei den aufgrund der Ermächtigung des § 200 FGG erlassenen Gesetzen durchweg der Fall ist; *Schlegelberger:* Gesetz über die Angelegenheiten der freiwilligen Gerichtsbarkeit (6. Aufl. 1952), § 200 Rdnr. 1 sub 2.

§ 14 Gesetzliche Grundlagen des gerichtlichen Verfahrens 73

3. Keine Zuständigkeitsnormen

Eine dritte Einschränkung ergibt sich daraus, daß die Bundesrechtsanwaltsordnung nicht generell und pauschal auf das FGG verweist, sondern dessen Vorschriften getrennt für das erstinstanzliche Verfahren in den §§ 40 IV, 163 und für die zweite Instanz in § 42 VI rezipiert. Daraus läßt sich ableiten, daß das FGG nur insoweit anwendbar sein soll, als die anwaltlichen Berufsgerichte nach der Bundesrechtsanwaltsordnung zuständig sind. Deshalb sind alle Zuständigkeitsnormen des FGG von der Rezeption ausgeschlossen.

4. Rechtspolitische Würdigung

Die Verweisung der §§ 40 IV, 42 VI BRAO ist eine ausgesprochene Fehllösung. Denn es ist prinzipiell verfehlt, das FGG als das Gesetz über ein nichtstreitiges Verfahren auf Verfahren der streitigen Gerichtsbarkeit zu übertragen, besonders dann, wenn sachgerechte Verfahrensgesetze zur Verfügung stehen. Die Folge ist, daß die Lücken im Verfahrensrecht der Bundesrechtsanwaltsordnung, die über die Verweisung der §§ 40 IV, 42 VI geschlossen werden sollen, in vielen Fällen offen bleiben. Das FGG, das schon von Hause aus unvollständig ist[3], muß auf die typischen Fragen des kontradiktorischen Prozesses zwangsläufig die Antwort schuldig bleiben.

III. Rückgriff auf die Verwaltungsgerichtsordnung

Das führt zu der Frage, wie die Ausfüllung der (noch verbliebenen) Lücken zu erfolgen hat.

1. Lückenausfüllung durch freie richterliche Rechtsschöpfung?

Diese Aufgabe der freien richterlichen Rechtsschöpfung[4] zu überlassen, ist nicht zulässig. Ohne diese Fragen hier vertiefen zu können, scheint mir der Verzicht auf eine rechtssatzmäßige Festlegung des gerichtlichen Verfahrens jedenfalls bei den Zulassungsstreitigkeiten,

---

[3] *Keidel:* Gesetz über die Angelegenheiten der freiwilligen Gerichtsbarkeit (6. Aufl. 1954), Erl. 1 vor § 8.
[4] Vgl. zu den Grenzen ihrer Vereinbarkeit mit dem Prinzip der Gewaltenteilung *BGHZ* 11 Anh. 3 (51 ff.).

bei denen es immer um Freiheit oder Eigentum geht, mit rechtsstaatlichen Grundsätzen unvereinbar[5].

2. Lückenausfüllung durch Analogie

Andererseits ist der Gesetzgeber von Verfassungs wegen nicht gehalten, alle verfahrensrechtlichen Einzelfragen auch gesetzlich zu regeln. Er kann ein Rechtsgebiet der richterlichen Gestaltung in der Weise überlassen, daß er selbst „ein dieses Gebiet beherrschendes, leitendes und vollziehbares allgemeines rechtliches Prinzip aufstellt, das der Richter nur zu entfalten braucht, um im Einzelfall das Recht (nicht zu machen, sondern) zu finden"[6]. Dieses rechtliche Prinzip läßt sich durch Analogie gewinnen[7]: durch Übertragung der für einen ähnlichen Tatbestand getroffenen Regelung — Gesetzesanalogie — oder durch Rückgriff auf allgemeine Grundsätze, die sich aus einer Mehrheit von Rechtssätzen gewinnen lassen — Rechtsanalogie[8]. Dabei ist der Gesetzesanalogie wegen ihrer größeren Berechenbarkeit und damit größeren Rechtssicherheit der Vorzug zu geben. Ihr bieten sich zur Ausfüllung der Verfahrenslücken in Bundesrechtsanwaltsordnung und FGG zwei Ansatzpunkte:

(1) Man könnte erstens an eine entsprechende Anwendung derjenigen Rechtssätze denken, nach denen Ehrengerichtshof und Senat für Anwaltssachen bei ihrer sonstigen, ihrer disziplinargerichtlichen Tätigkeit verfahren, an eine Anwendung der StPO (§ 116 BRAO) also. Die Vergleichbarkeit der Tatbestände als die Voraussetzung jeder Analogie läge hier in der Gleichheit der erkennenden Gerichte. Diese von *Baumgärtel*[9] allgemein befürwortete analoge Anwendung des „Hausverfahrens"[10] begegnet indes verschiedenen Bedenken: Sie gerät in praktische Schwierigkeiten bei Gerichtsbarkeiten mit mehreren gleichrangigen Hausverfahren, wie das Beispiel der ordentlichen Gerichtsbarkeit und ihrer

---

[5] Vgl. zu diesen Fragen allgemein *Bachof*, Wehrpflichtgesetz und Rechtsschutz, S. 9; *Bettermann*, Grundrechte III/2 S. 800 sub cc, die beide auf den Zusammenhang von Rechtsstaat und Verfahrensordnung hinweisen.

[6] BGHZ 11 Anh. 34 (51).

[7] Vgl. *Larenz:* Methodenlehre der Rechtswissenschaft (1960), S. 287. Auch für andere sog. echte Streitsachen nach dem FGG wird dieser Gedanke in Form eines Rückgriffs auf die ZPO vertreten: *Keidel*, Erl. 1 vor § 8; *Peters*, MDR 1952, 141; Lent, ZZP 66, 281; BGHZ 6, 248 (257); RPfl. 1953, 77.

[8] Vgl. § 1 des Entwurfes I zum BGB; ferner *Larenz*, S. 292.

[9] ZZP 73, 387. Ähnliche Gedanken finden sich auch in BVerwG, MDR 1957, 633.

[10] ZZP 73, 396. Ein typisches Beispiel für die Anwendung des „Hausverfahrens" enthält Art. 137 III GG, wonach bis zur Errichtung des Bundesverfassungsgerichtes das Deutsche Obergericht für das Vereinigte Wirtschaftsgebiet die Aufgaben der Wahlprüfung übernahm und dabei „nach Maßgabe seiner Verfahrensordnung" entschied.

drei (ZPO, FGG, StPO) Verfahrensordnungen lehrt. Sie verkennt ferner, daß es nicht darum gehen kann, ein dem erkennenden Richter bekanntes oder genehmes Verfahrensrecht zu wählen. Das Prozeßrecht hat sich an Rechtsnatur und Art der in Frage kommenden Streitigkeit zu orientieren, muß ihr adäquat sein[11]. Der personale Bezugspunkt muß hinter den sachlichen jedenfalls solange zurücktreten, als es nur eine einheitliche, für alle Gerichtsbarkeiten geltende Befähigung zum Richteramt gibt. Die neuere Rechtsentwicklung bestätigt diese Überlegung. So gelten nach § 76 II PersVertrG bei bestimmten Streitigkeiten vor den Verwaltungsgerichten die Vorschriften des Arbeitsgerichtsgesetzes über das Beschlußverfahren entsprechend[12], wenden Oberlandesgericht und Bundesgerichtshof nach den §§ 105 und 109 BNotO bei disziplinargerichtlichen Streitigkeiten die Bundesdisziplinarordnung an[13], und hat sich der Bundesgerichtshof als Dienstgericht des Bundes teils (§§ 65 I, 66 I 1 DRG) der Verwaltungsgerichtsordnung (!), teils (§ 63 DRG) der Bundesdisziplinarordnung zu bedienen.

(2) Analog anzuwenden ist deshalb das Verfahrensrecht vergleichbarer Streitigkeiten[14]. Zum Vergleich bieten sich in erster Linie die Streitigkeiten in Justizverwaltungssachen der §§ 23 ff. EGGVG an. Aber das besondere Verfahren, das für diese Streitigkeiten vorgesehen ist, hilft nicht weiter, da in § 29 II EGGVG subsidiär ebenfalls auf das FGG verwiesen wird. Damit stellt sich dort wie hier die gleiche Frage nach der hilfsweisen Anwendung vergleichbarer Verfahrensgesetze. Es bleibt daher in Anlehnung an die allgemeinen Verwaltungsstreitigkeiten nur der Rückgriff auf die Verwaltungsgerichtsordnung. Da die Zulassungsstreitigkeiten ihrer Natur nach öffentlich-rechtliche Streitigkeiten nichtverfassungsrechtlicher Art sind[15], ist die Verwaltungsgerichtsordnung am besten geeignet, auf auftauchende verfahrensrechtliche Fragen sachgerecht zu antworten. Für die subsidiäre Anwendung der Verwaltungsgerichtsordnung spricht überdies, daß die Verfahrensvorschriften der Bundesrechtsanwaltsordnung zum Teil wörtlich den früheren verwaltungsgerichtlichen Verfahrensgesetzen entnommen sind. So entspricht § 39 II 4 BRAO dem § 54 I 2 MRVO 165; § 39 III BRAO dem § 23 III MRVO 165; § 40 I 1 BRAO dem § 32 BVerwGG; § 41 III 1 BRAO dem § 79 I primo VGG; § 223 I 2 BRAO dem § 23 I 1 MRVO 165. Auch andere Bestimmungen der Bundesrechtsanwaltsordnung weisen die typischen

---

[11] *Bachof*, Wehrpflichtgesetz und Rechtsschutz, S. 9.

[12] Da es sich der Sache nach um betriebsverfassungsrechtliche Streitigkeiten handelt. Vgl. § 76 I a — d PersVertrG einerseits, § 2 I Nr. 4 e, g, i, k ArbGG andererseits.

[13] Wobei offensichtlich die Verwandtschaft von Notar- und Beamtenverhältnis den Ausschlag gegeben hat. Dagegen erklärt § 116 BRAO bei rechtsanwaltlichen Disziplinarsachen die Strafprozeßordnung für anwendbar.

[14] Vgl. ähnliche Gedankengänge in *BGHZ* 5, 46.

[15] Oben § 4 I.

Formulierungen verwaltungsprozessualer Gesetze auf, ohne direkt einer bestimmten anderen Vorschrift entlehnt zu sein. Entstammen aber die Bestimmungen der Bundesrechtsanwaltsordnung über das gerichtliche Verfahren bei Zulassungsstreitigkeiten teils wörtlich, teils ihrem Sinne nach den Verwaltungsgerichtsgesetzen, so ist es nur folgerichtig, sie auch aus diesem Rechtsgebiet zu ergänzen[16].

IV. Zusammenfassung

Das berufsgerichtliche Verfahrensrecht bei Zulassungsstreitigkeiten ist demnach dies: Bundesrechtsanwaltsordnung, subsidiär FGG, dazu subsidiär Verwaltungsgerichtsordnung[17], wobei die sachlich verfehlte Zwischenschaltung des FGG[18] wegen des klaren Wortlautes der §§ 40 IV, 42 VI nicht zu umgehen ist. Man kann auch so formulieren: Für das Verfahren bei Zulassungsstreitigkeiten gilt die Verwaltungsgerichtsordnung entsprechend, soweit sich nicht aus der Bundesrechtsanwaltsordnung oder dem FGG ein anderes ergibt.

§ 15 Über die Einleitung des Verfahrens durch Antrag auf gerichtliche Entscheidung

Das berufsgerichtliche Verfahren in Zulassungsstreitigkeiten wird eingeleitet durch einen Antrag des Anwalts, Anwaltsbewerbers oder Anwaltsvertreters auf gerichtliche Entscheidung, §§ 9 II, 11 II, 16 IV, 21 II, 28 III, 29 III, 35 II, 223 II, III.

I. Funktion des Antrags auf gerichtliche Entscheidung

Der Antrag auf gerichtliche Entscheidung ist die Parteihandlung, die erforderlich ist, um das Verfahren in Gang zu setzen. Ohne ihn gibt es kein berufsgerichtliches Verfahren bei Zulassungsstreitigkeiten. Der

---

[16] Auch die als Sonderverwaltungsgerichte gedachten Beschwerdeausschüsse nach dem SHG entschieden trotz fehlender Verweisung nach den seinerzeit geltenden Verwaltungsgerichtsgesetzen; vgl. *BVerfGE* 4, 331 (335). Für Anwendung der Verwaltungsgerichtsordnung de lege ferenda: *Stern*, JZ 1962, 301.

[17] Dabei können über § 173 VwGO auch zivilprozessuale Rechtssätze anwendbar sein.

[18] Kritisch dazu auch *von Sauer*, Anw.Bl. 1954, 186.

§ 15 Einleitung des Verfahrens 77

Antrag auf gerichtliche Entscheidung erfüllt damit die Funktion der Klage des allgemeinen Verwaltungsprozesses. Gleich ihr ist er das Gesuch der Partei um Rechtsschutz.

II. Bedeutung des Antrags auf gerichtliche Entscheidung

Dieser Rechtsschutz wird in den herkömmlichen Formen der Verwaltungsgerichtsbarkeit gewährt[1]. Der Antrag auf gerichtliche Entscheidung ist nicht, wie man bei wörtlichem Verständnis dieses Begriffes meinen könnte, ein Antrag auf reformatorische Entscheidung des Gerichtes an Stelle der Justizverwaltung.

1. Ursprüngliche Bedeutung

Ursprünglich war der Antrag auf gerichtliche Entscheidung allerdings ein Institut, das zu einer reformatorischen Entscheidung des Gerichtes an Stelle der Verwaltungsbehörde führte. Er stammt — als Antrag auf rechtliches Gehör — aus der preußischen Gesetzgebung, die ihn gegenüber Strafmaßnahmen der Exekutive gewährte. Er findet sich wahrscheinlich erstmals in der Postordnung vom 26. November 1782[2] und wird später allgemein gewährt, wenn die Regierung „bei Kontraventionen gegen Finanz- und Polizei- und andere zum Ressort der Regierungen gehörige Gesetze, insgleichen bei Defraudationen landesherrlicher, den Regierungen zur Verwaltung übergebener Gefälle und nutzbarer Regalien nach einer summarischen Untersuchung durch eine Resolution entschieden hat"[3]. Weiter sind etwa zu nennen die Zoll- und Verbrauchssteuerordnung vom 26. Mai 1818[4], das Gesetz wegen Untersuchung und Bestrafung der Zollvergehen vom 23. Januar 1838[5], das Gesetz über die Einrichtung des mündlichen und öffentlichen Verfahrens mit Geschworenen in Untersuchungssachen vom 3. Mai 1852[6] und das Gesetz über das Postwesen vom 5. Juni 1852[7]. Von hier gelangt

---

[1] S. unten § 16.
[2] Hinweis in § 8 VO vom 26. 12. 1808 (GS S. 464); dazu § 57 der Instruktion vom 26. 12. 1808 (GS S. 481).
[3] § 243 Anh. zur allgemeinen Gerichtsordnung für die preußischen Staaten; wiedergegeben im Anhang zur Zoll- und Verbrauchssteuerordnung vom 26. 5. 1818 (GS S. 139).
[4] GS S. 107, vgl. § 155 mit Verweisung.
[5] GS S. 78; vgl. §§ 33, 36.
[6] GS S. 209; vgl. Art. 136.
[7] GS S. 345; vgl. § 43.

das Institut des Antrages auf gerichtliche Entscheidung in die Reichsgesetzgebung, in welcher er im Postgesetz[8], der Strafprozeßordnung[9], der (Reichs-)Seemannsordnung[10] und der Abgabenordnung[11] ebenfalls Rechtsschutz gegenüber der strafenden Verwaltung gewährt(e). Gemeinsam ist diesen Gesetzen, daß das Gericht in eine völlig neue Entscheidung des Falles eintritt. Beispielhaft dafür ist § 35 I 4 PostG, wonach der „Strafbescheid ... als nicht ergangen angesehen" wird, falls der Beschuldigte auf rechtliches Gehör anträgt; und nach § 469 I AO ist das Gericht „bei der Entscheidung an die im Strafbescheid festgesetzte Strafe nicht gebunden". Teilweise vergleichbar formuliert § 55 V 1 OWiG, dessen Antrag auf gerichtliche Entscheidung ebenfalls Rechtsschutz gegenüber der strafenden Verwaltung gewährt, daß das Gericht darüber entscheidet, „ob der Bußgeldbescheid aufrechterhalten, geändert (!) oder aufgehoben wird"[12]. Hinzuweisen ist schließlich auf § 22 III GrdstVGr, wonach das Gericht auf den Antrag auf gerichtliche Entscheidung hin die gleichen Entscheidungen treffen kann, wie die Genehmigungsbehörde.

2. Bedeutung in der Bundesrechtsanwaltsordnung

Anders ist es dagegen in der Bundesrechtsanwaltsordnung. Hier tritt das Gericht keineswegs in eine neue Verhandlung und Entscheidung des ganzen Falles an Stelle der Verwaltung ein. Es kann vielmehr nach § 41 III, IV, sofern es das Verhalten der Justizverwaltung für rechtswidrig hält, (lediglich) den Verwaltungsakt aufheben oder die Justiz verpflichten, eine beantragte Amtshandlung vorzunehmen oder den Antragsteller zu bescheiden. Es kann aber nicht an Stelle der Justizverwaltung handeln, kann keinen Verwaltungsakt erlassen oder ändern und keinen Bescheid erteilen. Der Antrag auf gerichtliche Entscheidung nach der Bundesrechtsanwaltsordnung erweist sich damit als etwas anderes, als er heißt und als seine Vorgänger sind.

III. Kritische Würdigung

Fehlt es somit offensichtlich an einem sachlichen Unterschied zwischen der Klage des allgemeinen Verwaltungsprozesses und dem Antrag auf

---

[8] Vom 28. 10. 1871 (RGBl. S. 347 m. Änd.); Vgl. § 35.
[9] Vom 1. 2. 1877 (RGBl. S. 253 m. Änd.); vgl. §§ 414 ff. a. F.
[10] Vom 2. 6. 1902 (RGBl. S. 175 m. Änd.); Vgl. § 124.
[11] Vom 22. 5. 1931 (RGBl. I S. 161 m. Änd.); vgl. §§ 447 ff.
[12] Vgl. dagegen § 26 IV BDO: Die Bundesdisziplinarkammer entscheidet über die Rechtmäßigkeit der Disziplinarverfügung; sie kann diese „aufrechterhalten oder aufheben, aber nicht (!) ändern".

§ 15 Einleitung des Verfahrens

gerichtliche Entscheidung des berufsgerichtlichen Verfahrens, so stellt sich die Frage, warum die Bundesrechtsanwaltsordnung der gleichen Sache einen anderen Namen gibt. Zwei Gründe lassen sich dafür anführen, die aber beide nicht stichhaltig sind.

(1) Gegen die Klage als Einleitungsform des berufsgerichtlichen Verfahrens bei Zulassungsstreitigkeiten könnte die aus den Anfängen der ZPO überkommene Vorstellung gesprochen haben, daß Verfahren mit nicht obligatorischer mündlicher Verhandlung nicht durch Klage, sondern in sonstiger Weise einzuleiten sind[13]; denn nach § 40 II 1 BRAO ist im berufsgerichtlichen Verfahren die mündliche Verhandlung zwar für den Regelfall obligatorisch, die Beteiligten können jedoch darauf verzichten. Diese Systematik der ZPO war indes nur solange berechtigt, als über die Hauptursache immer nur auf Grund mündlicher Verhandlung entschieden werden konnte. Inzwischen haben die Novellen mit den §§ 128 II und 251a ZPO dieses Prinzip durchbrochen und lassen eine Entscheidung in der Hauptsache ohne mündliche Verhandlung zu. Gleichwohl ist Einleitungsform auch hier die Klage. Daraus folgt, daß die in § 40 II 1 BRAO vorgesehene Möglichkeit, eine Entscheidung in der Hauptsache auch ohne mündliche Verhandlung zu treffen, nicht dazu zwingt, das Verfahren statt durch Klage durch einen Antrag auf gerichtliche Entscheidung einzuleiten.

(2) Näher liegt der Verdacht[14], daß die Väter der Bundesrechtsanwaltsordnung bei der Wahl des Antrages auf gerichtliche Entscheidung einer in der modernen Gesetzgebung allenthalben zu beobachtenden Neigung gefolgt sind, die häufig dann, wenn verwaltungsrechtliche Streitigkeiten ordentlichen Gerichten zugewiesen werden, an Stelle der Klage als Einleitungsform den Antrag auf gerichtliche Entscheidung verwendet. Er findet sich im Ordnungswidrigkeitengesetz[15], im Gesetz über das landwirtschaftliche Pachtwesen[16], dem Gesetz über die innerdeutsche Rechts- und Amtshilfe in Strafsachen[17], dem (aufgehobenen) Baulandbeschaffungsgesetz[18], dem Gesetz über die innerdeutsche Regelung von Vorkriegsremboursverbindlichkeiten[19], dem Umstellungsergänzungsgesetz[20], dem Gesetz zur Regelung der rückerstattungsrechtlichen Geld-

---

[13] *Stein - Jonas - Schönke - Pohle:* Kommentar zur Zivilprozeßordnung (18. Aufl. 1953 ff.), § 128 Erl. II 2 b β.

[14] Die Materialien geben, soweit ersichtlich, keine Auskunft über die Motive, die zur Wahl des Antrages auf gerichtliche Entscheidung als Einleitungsform des berufsgerichtlichen Verfahrens bei Zulassungsstreitigkeiten geführt haben.

[15] Vom 25. 3. 1952 (BGBl. I S. 177 m. Änd.); vgl. § 54.

[16] Vom 25. 6. 1952 (BGBl. I S. 343 m. Änd.); vgl. § 5 III.

[17] Vom 2. 5. 1953 (BGBl. I S. 161); vgl. § 15.

[18] Vom 3. 8. 1953 (BGBl. I S. 720);)vgl. § 32.

[19] Vom 20. 8. 1953 (BGBl. I S. 999); vgl. § 12.

[20] Gesetz über die Ergänzung von Vorschriften des Umstellungsrechts und

verbindlichkeiten des Deutschen Reiches und gleichgestellter Rechtsträger[21], dem Gesetz zur Änderung und Ergänzung kostenrechtlicher Vorschriften[22], dem Gesetz über die Angelegenheiten der Vertriebenen und Flüchtlinge[23], dem Einführungsgesetz zum Gerichtsverfassungsgesetz[24] und dem Bundesbaugesetz[25]. Die Ersetzung des Begriffes der Klage durch den des Antrages auf gerichtliche Entscheidung in diesen Fällen wie in der Bundesrechtsanwaltsordnung wäre gerechtfertigt, wenn den aufgezählten Beispielen ein allgemeines und einheitliches Prinzip zugrunde läge, das dem Antrag auf gerichtliche Entscheidung eine gegenüber der Klage spezifische Bedeutung verliehe. Ich habe dafür — ohne die Frage hier im einzelnen ausbreiten zu können — weder in den genannten Gesetzen noch in Rechtsprechung oder Schrifttum auch nur den geringsten Anhaltspunkt gefunden. Der Antrag auf gerichtliche Entscheidung ist vielmehr eine vom (modernen) Gesetzgeber an Stelle der Klage willkürlich verwandte Einleitungsform ohne eigenständige Bedeutung[26].

(3) Ich komme somit zu dem Ergebnis, daß die Bundesrechtsanwaltsordnung ohne zwingenden Grund an Stelle der Klage als Einleitungsform den Antrag auf gerichtliche Entscheidung verwendet. Auf ihn sind deshalb ergänzend die Vorschriften der Verwaltungsgerichtsordnung über die Klage anzuwenden. De lege ferenda sollte der Antrag auf gerichtliche Entscheidung jedoch durch den Begriff der Klage ersetzt werden. Nimmt man gedanklich diese Ersetzung bereits vor, so erhellt sich manche dunkele Verfahrensbestimmung der Bundesrechtsanwaltsordnung.

§ 16 Über die Rechtsschutzformen bei Zulassungsstreitigkeiten

Da der Antrag auf gerichtliche Entscheidung die Funktionen einer Klage erfüllt, muß er gleich dieser[1] einen bestimmten Sachantrag, oder, wie § 42 I BRAO es formuliert, ein bestimmtes Begehren enthalten.

über die Ausstattung der Berliner Altbanken mit Ausgleichsforderungen vom 21. 9. 1953 (BGBl. I S. 1439); vgl. § 21 II.
[21] Vom 19. 7. 1957 (BGBl. I S. 734 m. Änd.); vgl. § 42.
[22] Vom 26. 7. 1957 (BGBl. I S. 861); vgl. Art. XI § 1.
[23] i. d. F. vom 14. 4. 1957 (BGBl. I S. 1215 m. Änd.); vgl. §§ 59, 65.
[24] i. d. F. des § 179 VwGO vom 21. 1. 1960 (BGBl. I S. 17); vgl. §§ 23 ff.
[25] Vom 23. 6. 1960 (BGBl. I S. 341).
[26] Vgl. auch *Schüle*, Festschrift Speyer, S. 277 ff., wonach der Ausdruck „Entscheidung" vieldeutig und juristisch größtenteils sinnentleert sei und als Begriffsfigur nahezu jeden Wert verloren habe (S. 283).
[1] Vgl. § 253 II Nr. 2 ZPO und § 82 I 2 VwGO, der insoweit allerdings nur eine Sollbestimmung ist.

I. Rechtsschutz gegenüber belastenden Verwaltungsakten

Wendet sich der Anwalt, Anwaltsbewerber oder Anwaltsvertreter gegen einen belastenden Verwaltungsakt, insbesondere gegen eine Verfügung, mit welcher die Zulassung zur Rechtsanwaltschaft oder bei einem Gericht zurückgenommen wird[2], oder gegen einen Bescheid, der eine Erlaubnis oder Befreiung widerruft[3], so lautet der Antrag auf Aufhebung des Verwaltungsaktes, der Verfügung oder des Bescheides, §§ 39 II 2, 223 III.

1. Anfechtung entsprechend § 42 VwGO

Die Bundesrechtsanwaltsordnung gewährt damit gegenüber belastenden Verwaltungsakten die gleiche Rechtsschutzform wie die Verwaltungsgerichtsordnung, und sie bezeichnet gleich dieser die Bekämpfung eines Verwaltungsaktes mit dem Antrag auf Aufhebung durch das Gericht als Anfechtung. § 223 I BRAO, der allgemein die Anfechtung belastender Verwaltungsakte vorsieht, entspricht insoweit dem § 42 I VwGO[4].

2. Anfechtung nichtiger Verwaltungsakte

Die Anfechtung ist, wie in der (sonstigen) Verwaltungsgerichtsbarkeit, unabhängig davon, ob der angefochtene rechtswidrige Verwaltungsakt nichtig oder gültig und nur aufhebbar ist. Denn ein Verwaltungsakt ist ohne Rücksicht auf seine Nichtigkeit anfechtbar, da sein Charakter als Manifestation hoheitlichen Willens ihn befähigt, verletzend in fremde Rechte einzugreifen[5]. Dann aber muß er, ebenso wie behördlich zurückgenommen, auch gerichtlich aufgehoben werden können[6].

---

[2] §§ 16 IV, 35 II.
[3] §§ 11 II, 28 III, 29 III.
[4] Ebenso *BGHZ* 34, 244 (247 sub b).
[5] Etwa als Grundlage staatlicher Vollstreckung; vgl. *Pr. OVG* 31, 428 (429); vgl. auch § 97 I Nr. 3 SGG, welcher der Feststellungsklage gegen einen nichtigen Verwaltungsakt aufschiebende Wirkung beilegt, weil beim Vollzug offensichtlich kein Unterschied zwischen nichtigen und bloß aufhebbaren Verwaltungsakten gemacht wird. Dazu *Mellwitz*: Sozialgerichtsgesetz (1956), § 97 Rdnr. 5.
[6] *Pr. OVG*, a.a.O.; *Jellinek*, § 11 sub III 1; deshalb ließen auch § 23 I 2 MRVO 165 und § 20 I 2 VGG Berlin die Anfechtung nichtiger Verwaltungsakte zu. Ebenso die h. M. zu VwGO und SGG: (statt aller) *Ule*, § 42 Erl. III 4 b; *Peters-Sautter-Wolf*, § 54 Erl. 2 c; vgl. auch *Bay VGH*, NJW 1959, 1988 mit Anm. *Habscheid*, der ein ohne Klage ergangenes Urteil als nichtig aufhebt (!). Wie hier mit prozeßökonomischen Erwägungen *Lerche*, DÖV 1954, 712.

Viertes Kapitel: Das Verfahren bei Zulassungsstreitigkeiten

II. Rechtsschutz bei Ablehnung einer beantragten Amtshandlung

Gegen die Ablehnung einer beantragten Amtshandlung wendet sich der Anwalt, Anwaltsbewerber oder Anwaltsvertreter nach § 39 II 2 mit dem doppelten Antrag, den Ablehnungsbescheid aufzuheben und die Justizverwaltung zur Vornahme der beantragten Amtshandlung zu verpflichten.

(1) Wie die Gegenüberstellung der Absätze I und II des § 223 und der Sätze 1 und 2 des Satzes 3 des § 39 II ergibt, bezeichnet die Bundesrechtsanwaltsordnung auch diese Prozeßhandlung als Anfechtung. Sie weicht damit terminologisch von der Verwaltungsgerichtsordnung ab, die in ihrem § 42 I[7] die Anfechtungsklage, die eine Aufhebungsklage ist, auf belastende Verwaltungsakte beschränkt und gegenüber der Ablehnung (oder Nichtbescheidung) einer beantragten Amtshandlung die Verpflichtungsklage vorsieht. Die Bundesrechtsanwaltsordnung verschiebt dadurch rein sprachlich den Akzent dieser Rechtsschutzform: Denn nicht um die Aufhebung des Ablehnungsbescheides, sondern um die Vornahme der abgelehnten Amtshandlung geht es dem Rechtsschutzsuchenden. Es handelt sich um ein Leistungsbegehren im Gewande des Anfechtungsverfahrens.

(2) Dieser Doppelantrag auf Aufhebung und Verpflichtung ist nicht nur zulässig, wenn der Erlaß eines Verwaltungsaktes, sondern auch, wenn die Vornahme einer sonstigen Amtshandlung abgelehnt worden ist. Zwar formuliert die Bundesrechtsanwaltsordnung ähnlich widersprüchlich wie seinerzeit die §§ 24/75 MRVO 165 und heute die §§ 42/113 VwGO und spricht in § 223 II bei Bestimmung der Rechtsschutzform[9] von „Verwaltungsakt", in den §§ 39 II 2, 41 III, die den Entscheidungsinhalt festlegen, dagegen von „Amtshandlung". Entsprechend der von *Bettermann*[8] für die Verwaltungsgerichtsordnung vertretenen Lehre ist auch in der Bundesrechtsanwaltsordnung die engere Vorschrift des § 223 mittels der weiteren §§ 39 II 2, 41 III zu korrigieren. Jedes andere Ergebnis wäre sachwidrig; denn da Art. 19 IV 1 GG auch den Rechtsweg bei Ablehnung einer (sonstigen) Amtshandlung verspricht, wäre gemäß Art. 19 IV 2 GG der ordentliche Rechtsweg eröffnet[10], falls die Bundesrechtsanwaltsordnung, die eine allgemeine Leistungsklage nicht kennt,

---

[7] Ebenso früher die §§ 23 f. MRVO 165, §§ 20 f. VGG Berlin; wie die Bundesrechtsanwaltsordnung dagegen § 35 I VGG, § 15 VGG Rhld.-Pf., § 20 VGG Saar, § 15 BVerwGG.

[8] Der sich zwar nur auf den Fall bezieht, daß ein „Antrag auf Vornahme eines Verwaltungsaktes ... nicht beschieden worden ist", aber zur Auslegung der in Abs. I enthaltenen „Verpflichtungsklage" mitheranzuziehen ist.

[9] NJW 1960, 649 f.; a. M. etwa *Ule*, § 42 Erl. III 4 a m.w.N.

[10] Darüber, daß der Verwaltungsrechtsweg gemäß § 40 I VwGO ausscheidet, s. oben § 5 III.

§ 16 Über die Rechtsschutzformen bei Zulassungsstreitigkeiten   83

mangels einer passenden Rechtsschutzform in diesen Fällen keinen Rechtsschutz gewähren könnte. Eine Zweigleisigkeit des Rechtsschutzes bei Zulassungsstreitigkeiten aber dürfte den Absichten des Gesetzgebers widersprechen. In der Verwaltungsgerichtsordnung hingegen, die eine allgemeine Leistungsklage kennt, hat die entsprechende Korrektur des § 42 durch § 113 keinerlei Bedeutung für den Rechtsweg, sondern nur für die Anwendung der §§ 68 ff. über das behördliche Vorverfahren. Für die Bundesrechtsanwaltsordnung wiederum stellt sich dieses Problem nicht, da sie — wie noch zu zeigen ist — generell kein verwaltungsbehördliches Vorverfahren vorschreibt.

III. Rechtsschutz bei behördlicher Untätigkeit

Fühlt sich der Anwalt, Anwaltsbewerber oder Anwaltsvertreter dadurch in seinen Rechten verletzt, daß die Verwaltung einen Antrag auf Vornahme eines Verwaltungsaktes oder einer sonstigen Amtshandlung[11] ohne zureichenden Grund innerhalb von drei Monaten nicht beschieden hat, so kann er nach den §§ 11 III, 21 III, 223 II ebenfalls den Antrag auf gerichtliche Entscheidung stellen. § 39 schreibt für diese Fälle einen bestimmten Sachantrag nicht vor. Es ist deshalb entsprechend § 39 II 2 zu verfahren: Der Antragsteller muß angeben, wozu die Verwaltung vom Gericht verpflichtet werden soll. Dabei ist zu unterscheiden: Begehrt der Antragsteller eine gebundene Amtshandlung, so zielt sein Antrag auf Verurteilung zur Vornahme; begehrt er dagegen eine Amtshandlung, deren Vornahme im Ermessen der Verwaltung steht, so lautet sein Antrag auf Verurteilung zur Bescheidung[12].

IV. Keine Feststellungsklage nach der Bundesrechtsanwaltsordnung

Dagegen fehlt in der Bundesrechtsanwaltsordnung die Möglichkeit, das Bestehen oder Nichtbestehen eines Rechtsverhältnisses oder die Nichtigkeit eines Verwaltungsaktes gerichtlich feststellen zu lassen.

(1) Während die Bundesrechtsanwaltsordnung in § 223 eine dem § 42 VwGO entsprechende Vorschrift enthält, kennt sie keine dem § 43 VwGO vergleichbare Regelung. Hierin ein Versehen des Gesetzgebers, eine Lücke im Gesetz zu sehen, dürfte kaum möglich sein. Die gerichtliche Feststellung streitiger Rechtsverhältnisse gehört derart zum über-

---

[11] Auch hier ist wegen Art. 19 IV GG extensiv zu interpretieren.
[12] Vgl. dazu unten § 19 IV.

kommenen und geläufigen Bild einer streitigen Gerichtsbarkeit[13], daß das Fehlen dieser Rechtsschutzform in der Bundesrechtsanwaltsordnung schwerlich auf einem Vergessen beruhen kann. Man wird vielmehr mit dem *Bundesgerichtshof*[14] davon auszugehen haben, daß der Gesetzgeber die Feststellungsklage bewußt in die Bundesrechtsanwaltsordnung nicht aufgenommen hat. Die Feststellung des Bestehens oder Nichtbestehens eines Rechtsverhältnisses oder der Nichtigkeit eines Verwaltungsaktes kann deshalb regelmäßig mit dem Antrag auf gerichtliche Entscheidung nicht begehrt werden.

(2) Davon ist eine Ausnahme zu machen. Sollte es sich im Einzelfall erweisen, daß die Feststellungsklage das einzige Mittel ist, um einer Rechtsverletzung durch die berufsregelnde zweite Gewalt wirksam zu begegnen, so erfordert Art. 19 IV 1 GG den Rechtsschutz in dieser Form[15]. Dabei ist es sachgerecht, Art. 19 IV 1 GG durch Ergänzung der Rechtsschutzformen in der Bundesrechtsanwaltsordnung zu genügen, statt insoweit auf den ordentlichen Rechtsweg des Art. 19 IV 2 GG zurückzugreifen[16]. In diesem Ausnahmefall kann deshalb der Antrag auf gerichtliche Entscheidung mit dem Begehren verbunden werden, das Bestehen oder Nichtbestehen eines zulassungsrechtlichen Rechtsverhältnisses oder die Nichtigkeit eines Verwaltungsaktes festzustellen.

V. Rechtsschutz gegenüber dem Gutachten des Kammervorstandes

Will sich ein Anwaltsbewerber gegen das Gutachten des Kammervorstandes wenden, in welchem einer der in § 7 Nr. 5 bis 8 aufgezählten Versagungsgründe bejaht worden ist — und an das die Justizbehörde in der Weise gebunden ist, daß sie den Bewerber nunmehr nicht zulassen darf, sondern ihre Entscheidung aussetzen und ihm eine Abschrift des Gutachtens zur weiteren Veranlassung (Antrag auf gerichtliche Entscheidung oder fingierte Rücknahme, § 9, II, III) zustellen muß[17] — so lautet nach § 38 II 1 sein Begehren dahin, festzustellen, daß der von dem Vorstand der Rechtsanwaltskammer angeführte Versagungsgrund nicht vorliegt. Der Antrag auf gerichtliche Entscheidung ist nach § 38 I gegen die Rechtsanwaltskammer zu richten. Das wirft mancherlei Fragen auf.

---

[13] Vgl. § 43 VwGO, § 55 I Nr. 1 und 4 SGG, § 24 VGG, § 52 MRVO 165; vgl. auch § 256 ZPO.
[14] BGHZ 34, 244 (247 sub c) = NJW 1961, 922 = MDR 1961, 409 = BB 1961, 497 = LM Nr. 1 zu § 42 BRAO.
[15] Bettermann, Grundrechte III/2 S. 801 sub b ff. und S. 804.
[16] BGHZ 34, 244 (249 sub g) = NJW 1961, 922 = MDR 1961, 409 = BB 1961, 497 = LM Nr. 1 zu § 42 BRAO.
[17] s. oben § 2 I 1 a (2).

§ 16 Über die Rechtsschutzformen bei Zulassungsstreitigkeiten 85

1. Ursprung der gesetzlichen Regelung

Diese Regelung leitet sich von der Rechtsanwaltsordnung von 1878 her, die in ihrem § 3 II gleichfalls die Organe der anwaltlichen Selbstverwaltung am Zulassungsverfahren beteiligt hatte. Dabei war — im Unterschied zu heute — die Justizverwaltung bei Bejahung bestimmter Versagungsgründe unmittelbar zur Versagung der Zulassung verpflichtet. Eine Kopie dessen war für die Bundesrechtsanwaltsordnung von vornherein nicht geplant, nachdem der *Bayerische Verfassungsgerichtshof*[18] die Bindung der Justizverwaltung an das Votum des Kammervorstandes in dem vergleichbaren § 5 Nr. 4 bis 6 Bay.RAO[19] für verfassungswidrig erklärt hatte, da es ein Grundsatz des Rechtsstaates sei, daß ein Staatsorgan, welches eine Entscheidung zu fällen habe, dafür auch die Verantwortung trage; das aber sei nicht möglich, wenn es inhaltlich in vollem Umfang an die Willensentschließung eines anderen Organes gebunden sei. Es wäre, da sich der Bundesgesetzgeber über diese Entscheidung nicht hinwegsetzen wollte[20], folgerichtig gewesen, nunmehr jede Bindung an das Gutachten zu beseitigen und die Zulassung ausschließlich der Justizverwaltung zu übertragen. Angesichts der überkommenen und liebgewordenen Vorbilder erwies sich das indes als undurchführbar[21]. In dem Bestreben, einerseits die bayrische Entscheidung zu respektieren, andererseits die bisherige Lösung der duae conformes in ihrem Kern beizubehalten, wählte man die eingangs skizzierte Konstruktion. Die Bedenken des *Bayerischen Verfassungsgerichtshofes*[22] bestehen aber auch hier; denn auch heute darf die Justizverwaltung den Bewerber nicht gegen das Votum des Kammervorstandes zur Rechtsanwaltschaft zulassen, ist also wie bisher negativ gebunden.

---

[18] In VGH n. F. 4 II 30 = Bay. GVBl. 1951, 43 = NJW 1961, 455 = JZ 1951, 346 = VRspr. 3, 651; kritisch auch *BVerwG*, NJW 1955, 1530 mit Anm. *Heins*.

[19] Vom 6. 11. 1946 (GS III S. 45).

[20] Sicher zu Unrecht, da ihn das Urteil ohnehin nicht binden konnte, und der Entscheidung zudem erhebliche sachliche Bedenken begegnen. Dazu ausführlich und kritisch *Erler:* Freiheit und Grenzen berufsständischer Selbstverwaltung (1952), S. 57, der auf zahlreiche Beispiele hinweist, in denen nach geltendem Recht ähnliche Bindungen bestehen. Wenn *BVerfGE* 9, 268 (zum Bremer Personalvertretungsgesetz) die Ausführungen des *Bay. VerfGH* wörtlich übernommen hat (S. 282), so lag der Fall insofern anders, als es beim *BVerfG* um die Entscheidung der Regierung in Personalfragen ging.

[21] Der von den Anwaltskammern vorgelegte Entwurf zur Bundesrechtsanwaltsordnung verlangte sogar die volle Übertragung der Zulassung auf die Kammern. Dazu *Schultz*, MDR 1950, 533, 600. Verfassungsrechtliche Bedenken hätten hiergegen nach *Erler*, S. 53, nicht bestanden, doch gehört die Zulassungsautonomie in Deutschland, anders als in England und Frankreich, nicht zum überkommenen Bild der anwaltlichen Selbstverwaltung.

[22] Die ich mit *Erler*, S. 57, allerdings für viel zu weitgehend halte.

Viertes Kapitel: Das Verfahren bei Zulassungsstreitigkeiten

2. Würdigung der gesetzlichen Regelung

An der heutigen Regelung fällt auf, daß der Antrag auf gerichtliche Entscheidung gegen die Rechtsanwaltskammer zu richten ist[23], die zu dem Bewerber in keinerlei unmittelbare rechtliche Beziehung tritt[24]. Die Justizverwaltung hingegen wird nicht verklagt, obgleich sie als Zulassungsbehörde die Zulassung des Bewerbers zur Rechtsanwaltschaft verweigert hat. Denn die „Zustellung" des Gutachtens durch die Justizverwaltung an den Bewerber ist nichts anderes als ein Ablehnungsbescheid, in welchem die Justizverwaltung verbindlich zum Ausdruck bringt, daß sie nicht zulassen will, weil sie nicht zulassen darf (§ 9 I 1)[25]. Dies zeigt sich an den Folgen, die eintreten, wenn der Bewerber das Gutachten erfolgreich oder erfolglos oder überhaupt nicht gerichtlich bekämpft: Obsiegt er, so hat nach § 9 IV die Justizverwaltung (!) über seinen Antrag auf Zulassung unter Beachtung der Rechtsauffassung des Gerichtes zu entscheiden; unterliegt er rechtskräftig, dann gilt sein Zulassungsantrag als abgelehnt, und zwar, wie man ergänzen muß, durch die Justizverwaltung; er gilt als zurückgenommen, wenn der Bewerber den Rechtsweg nicht innerhalb eines Monats beschreitet (§ 9 III). Gleichwohl ist es korrekt, daß sich der Antrag auf gerichtliche Entscheidung nur gegen die Rechtsanwaltskammer richtet, da die Justizverwaltung, die wegen eines negativen Gutachtens der Kammer durch dessen Zustellung die Zulassung ablehnt, in jedem Falle rechtmäßig handelt; denn Voraussetzung für die Zulassung zur Rechtsanwaltschaft ist neben der Befähigung zum Richteramt (§ 4) und dem Nichtvorliegen eines der in § 7 aufgezählten Versagungsgründe das Fehlen eines Negativgutachtens der Kammer. Liegt ein solches Gutachten vor und verweigert die Justizverwaltung daraufhin die Zulassung, so handelt sie rechtmäßig, selbst wenn das Gutachten falsch ist. Die Justizverwaltung darf nach § 9 I nicht zulassen, sobald ein Negativgutachten vorliegt; seine Richtigkeit hat sie nicht nachzuprüfen.

3. Kein Verstoß gegen Art. 19 IV GG

Diese Konstruktion, die dazu zwingt, zunächst den „Gutachtenprozeß" gegen die Rechtsanwaltskammer zu führen, kann zur Folge haben, daß der Bewerber, um seine Zulassung zur Rechtsanwaltschaft zu erreichen,

---

[23] Nach der RAO brit. Zone wurde hingegen die Justizverwaltung verklagt. Dagegen und für die heutige Regelung *Wolff*, NJW 1950, 326.
[24] Vgl. *BVerwGE* 1, 169 unter Aufhebung von *OVG Münster*, NJW 1954, 526.
[25] Daß dem Gutachten durch die Zustellung die Qualität eines Verwaltungsaktes zuwächst, wird allgemein anerkannt: *Kalsbach*, § 40 Erl. 2; *Ule*, § 42 Erl. IV 1 g; und zum früheren Recht *Thunecke*, DVBl. 1950, 521; *von Sauer*, Anw.Bl. 1954, 186; *Redeker*, JZ 1954, 738 sub 1.

anschließend einen zweiten Prozeß gegen die Justizverwaltung als Zulassungsbehörde führen muß.

(1) Die Bundesrechtsanwaltsordnung versucht dem vorzubeugen, indem § 9 IV 1 die Rechtskraft des gegen die Rechtsanwaltskammer erstrittenen Sieges auch auf die Justizverwaltung erstreckt und sie verpflichtet, nunmehr über den Zulassungsantrag unter Beachtung der Rechtsauffassung des Gerichtes zu entscheiden. Das bedeutet, daß die Zulassungsbehörde keinen der Versagungsgründe mehr bejahen kann, deren Nichtvorliegen in dem Gutachtenprozeß gerichtlich festgestellt worden ist. Dagegen kann es zu einem zweiten Prozeß kommen, falls die Justizverwaltung die Zulassung aus einem anderen als dem gutachtlich geltendgemachten Grunde versagt. Daran ist sie keineswegs gehindert, da sich die Rechtskraft der Feststellungsentscheidung nur auf den gutachtlich behaupteten Versagungsgrund bezieht.

(2) Man könnte versucht sein, in der Notwendigkeit, die Zulassung zur Rechtsanwaltschaft in zwei Prozessen zu erstreiten, eine Verkürzung des von Art. 19 IV 1 GG garantierten Rechtsschutzes, einen unzulässigen „Rechtsschutz in Raten" zu sehen. Das ist indes nicht der Fall. Schuld an dieser Rechtslage, die zu einer unangemessenen Verzögerung der Zulassung führen kann, ist nicht die prozessuale Ausgestaltung, sondern die Verteilung der Zuständigkeiten im Zulassungsverfahren auf Rechtsanwaltskammer und Justizverwaltung. Sie führt dazu, daß der Bewerber es mit zwei Rechtsverletzern zu tun haben kann, die er notfalls nacheinander und in getrennten Prozessen bekämpfen muß. Aus der Sicht des Art. 19 IV 1 GG ist das nicht zu beanstanden. Die Frage, der in dieser dem Rechtsschutz bestimmten Untersuchung allerdings nicht nachgegangen werden kann, ist vielmehr die, ob der mit dieser gesetzlichen Regelung für den Bewerber verbundene Zeitverlust und Prozeßaufwand noch mit Art. 12 I GG zu vereinbaren ist.

§ 17 Zulässigkeitsvoraussetzungen des Antrages auf gerichtliche Entscheidung

I. Inhaltliche Anforderungen

Der Antrag auf gerichtliche Entscheidung ist nur zulässig, wenn er bestimmten inhaltlichen Anforderungen entspricht, die sich daraus ergeben, daß er, einer Klage gleich, das Verfahren in Gang setzen soll.

(1) Selbstverständlich und vom Gesetz nicht ausdrücklich hervorgehoben, müssen Antragsteller und Antragsgegner als die Hauptbeteiligten genannt werden, wie man den §§ 38 I, 39 I 1 entnehmen kann.

(2) Der Antrag auf gerichtliche Entscheidung muß, wie bereits dargelegt[1], mit einem bestimmten Sachantrag verbunden werden, der sich aus den zur Verfügung stehenden Rechtsschutzformen ergibt und den Streitgegenstand bestimmt.

(3) Wenn nach § 38 II 1 das Gutachten, nach § 39 II 1 der Bescheid oder die Verfügung, gegen die sich der Antragsteller wendet, zu bezeichnen sind, so ist damit der Anfechtungsgegenstand[2], nicht der Streitgegenstand gemeint[3]. Die §§ 38 II 1, 39 II 1 sind nur Unterfälle der §§ 38 II 3, 39 II 4, wonach die zur Begründung des Antrages dienenden Tatsachen und Beweismittel anzuführen sind. Beide unterscheiden sich darin, daß der Anfechtungsgegenstand bezeichnet werden muß, während jene nur angeführt werden sollen. Ihr Fehlen führt daher nicht zur Unzulässigkeit des Antrages auf gerichtliche Entscheidung[4].

(4) Zusammenfassend ist so zu formulieren: Der Antrag auf gerichtliche Entscheidung muß die Hauptbeteiligten und den Anfechtungsgegenstand bezeichnen und ein bestimmtes Begehren enthalten. Er soll die zu dessen Begründung dienenden Tatsachen und Beweismittel angeben.

II. Antragstellung beim zuständigen Gericht

Der Antrag auf gerichtliche Entscheidung muß bei dem zuständigen Gericht gestellt werden, wie sich § 37 entnehmen läßt. Unzulässig und zur Fristwahrung nicht geeignet ist deshalb die Antragstellung beim magistratus a quo[5], bei einem unzuständigen anwaltlichen Berufsgericht oder bei dem Gericht einer anderen Gerichtsbarkeit.

III. Form

Der Antrag ist nach § 37 schriftlich einzureichen. Antragstellung zur Niederschrift des Urkundsbeamten der Geschäftsstelle ist nicht zu-

---

[1] s. oben § 16.
[2] Worunter auch das Gutachten des Kammervorstandes verstanden wird.
[3] Über den Unterschied von Anfechtungsgegenstand und Streitgegenstand vgl. *Bettermann*, DVBl. 1953, 163; unrichtig deshalb *Bülow*, § 38 Erl. 3, wonach mit der Benennung des Gutachtens, gegen das sich der Antrag auf gerichtliche Entscheidung wendet, der Streitgegenstand bestimmt werde. In § 39 Erl. 3 bezeichnet er dagegen zutreffend die beantragte Rechtsfolge als Streitgegenstand.
[4] *Bülow*, § 38 Erl. 5; *Kalsbach*, § 39 Erl. 3 III.
[5] So aber § 91 SGG, § 49 I VGG, § 53 II MRVO 165, die in erster Linie Rechtsunkundigen und Rechtsungewandten dienen soll(t)en, so daß sie hier entbehrlich waren.

§ 17 Zulässigkeit des Antrages auf gerichtliche Entscheidung 89

gelassen und auch nicht durch Rückgriff auf § 11 FGG oder § 81 VwGO möglich[6]. Mit Recht; denn diese Art der Verfahrenseinleitung dient vornehmlich dem Interesse ungewandter Rechtssuchender[7] und kann deshalb hier entbehrt werden[8].

IV. Fristen

Der Antrag auf gerichtliche Entscheidung muß fristgerecht gestellt werden[9].

1. Anfechtungsantrag

Richtet sich der Antrag auf gerichtliche Entscheidung gegen einen belastenden Verwaltungsakt oder gegen einen Bescheid, durch den ein Antrag auf Vornahme einer Amtshandlung abgelehnt worden ist, so kann er frühestens nach dessen Zustellung[10] und muß innerhalb eines Monats danach gestellt werden, wie sich aus den §§ 9 II, 11 II, 16 IV 1, 21 II 1, 28 III 3, 29 III 3, 35 II 5 ergibt. Bei der Generalklausel des § 223 I fehlt eine Fristsetzung (!) wobei es sich um ein Versehen handeln dürfte, da nichts für ein unbefristetes Anfechtungsrecht in diesen Fällen von zumeist nur untergeordneter Bedeutung spricht. Auch nach § 74 VwGO und § 87 SGG sind alle Verwaltungsakte binnen eines Monats anzufechten. § 223 I ist deshalb unter Hinzufügung einer Monatsfrist zu lesen, so daß alle Anfechtungen belastender oder ablehnender Verwaltungsakte befristet sind[11]:

2. Behördliche Untätigkeit

Richtet sich in den Fällen der §§ 11 III, 21 III, 29 IV und 223 II der Antrag auf gerichtliche Entscheidung gegen die Nichtbescheidung eines Antrags auf Vornahme einer Amtshandlung, so gilt folgendes:

---

[6] *Bülow,* § 37 Erl. 3; *Kalsbach,* § 37 Erl. 2 I.
[7] *Schlegelberger,* § 11 Rdnr. 10.
[8] Amtl. Begr. zu § 37; *Bülow,* § 37 Erl. 3.
[9] Für die Berechnung der Fristen gelten die Bestimmungen des BGB: § 17 FGG, § 40 IV BRAO.
[10] Mit der er erst wirksam wird. Da die §§ 9 I 1, 11 I 2, 16 III 2, 21 I 2, 28 III 2, 29 III 2, 35 II 4 ausdrücklich die Zustellung vorschreiben, wird man annehmen müssen, daß Verwaltungsakte, die nach der Bundesrechtsanwaltsordnung ergehen, nur bei Zustellung wirksam werden. Außerdem ist den genannten Vorschriften, die in den §§ 28, 29 auch Verwaltungsakte von untergeordneter Bedeutung erfassen, der Grundsatz zu entnehmen, daß a l l e Verwaltungsakten, die nach der Bundesrechtsanwaltsordnung ergehen, zuzustellen sind.
[11] Ebenso *Kalsbach,* § 37 Erl. 2 II a, der jedoch die Lücke in § 223 I übersieht.

Viertes Kapitel: Das Verfahren bei Zulassungsstreitigkeiten

(1) Der Antrag auf gerichtliche Entscheidung ist an keine Frist gebunden, sondern kann zeitlich unbegrenzt gestellt werden. Eine entsprechende Anwendung des § 76 VwGO, wonach der Rechtsweg grundsätzlich nur innerhalb eines Jahres seit Stellung des Vornahmeantrages beschritten werden kann[12], ist nicht möglich. Es deutet nichts darauf hin, daß das unbefristete Klagerecht der Bundesrechtsanwaltsordnung auf einem Versehen beruht; man wird vielmehr annehmen müssen, daß die Bundesrechtsanwaltsordnung[13] bewußt ein unbefristetes Klagerecht gewährt, das seine Grenze lediglich in der Verwirkung findet[14].

(2) Der Antrag auf gerichtliche Entscheidung kann nach den §§ 11 III, 21 III, 29 IV und 223 II frühestens drei Monate nach dem Vornahmeantrag gestellt werden. Ist „wegen besonderer Umstände des Falles eine kürzere Frist geboten", so ist er analog § 75 Satz 2 VwGO bereits vor Ablauf der Dreimonatsfrist zulässig. Das fordert Art. 19 IV 1 GG, der zwar Wartefristen nicht im Wege steht[15], aber notfalls auch deren Durchbrechung verlangt.

(3) Denkbar ist schließlich auch dies, daß die Dreimonatsfrist zu kurz ist[16], um der Verwaltungsbehörde eine sachgerechte Entscheidung zu ermöglichen. Wie dann zu verfahren ist, hängt von der rechtlichen Bedeutung des Satzes ab, daß der Antrag auf gerichtliche Entscheidung „auch zulässig (ist), wenn ein Antrag auf Vornahme eines Verwaltungsakts ohne zureichenden Grund innerhalb von drei Monaten nicht beschieden worden ist", §§ 223 II, 11 III, 21 III, 29 IV.

(a) Zu den vergleichbaren § 24 I MRVO 165, § 35 II VGG, § 15 III 2 BVerwGG, §§ 54, 88 SGG, § 35 II VGG Rhld.-Pf., § 20 III VGG Saar wurde bei „zureichendem Grund" für die dilatorische Behandlung des Antrages die Klage teils als unbegründet[17], teils als unzulässig[18] angesehen, während *Bettermann* für die Verwaltungsgerichtsordnung unterscheidet[19]: Bei zureichendem Grund setzt das Gericht das Verfahren

---

[12] Ebenso § 27 III EGGVG. Die Frist ist im übrigen dadurch weitgehend entwertet, daß der Vornahmeantrag jederzeit erneuert werden kann; vgl. *Bettermann*, NJW 1960, 1084 sub 6.
[13] Ebenso ausdrücklich § 43 (2) VGG, § 89 SGG.
[14] Dazu allgemein *Bettermann*, Grundrechte III/2 S. 807 sub 11; *Ule*, § 58 Erl. III m. w. N.
[15] Wenn nach *Bettermann*, Grundrechte III/2 S. 807, Art. 19 IV 1 GG nicht verbietet, die Zulässigkeit der verwaltungsgerichtlichen Klage von der Erfolglosigkeit eines verwaltungsbehördlichen Vorverfahrens abhängig zu machen, dann müssen auch Wartefristen zulässig sein.
[16] Etwa in den Fällen der §§ 8 II, 10, 33 II, 170 II.
[17] *Bachof*: Die verwaltungsgerichtliche Klage auf Vornahme einer Amtshandlung (1951), S. 39 f.; *Eyermann - Fröhler*: Verwaltungsgerichtsgesetz (2. Aufl. 1954), § 35 Erl. I 2 c.
[18] *Klinger*: Die Verordnung über die Verwaltungsgerichtsbarkeit in der britischen Zone (3. Aufl. 1954), § 24 Erl. D.
[19] NJW 1960, 1084 f.

befristet aus, um der Behörde Gelegenheit zu geben, über den Vornahmeantrag zu entscheiden; fehlt es hingegen an einem zureichenden Grund, so entscheidet das Gericht über den geltend gemachten Anspruch.

(b) Diese Lehre *Bettermanns* zu § 75 VwGO ist entsprechend auf die Bundesrechtsanwaltsordnung zu übertragen, da sie allein zu einer sachgerechten und das Interesse des Rechtsschutzsuchenden wahrenden Lösung führt. Die §§ 223 II, 11 III, 21 III, 29 IV BRAO sind deshalb im Sinne des § 75 Satz 3 VwGO zu ergänzen[20] mit der Folge, daß das anwaltliche Berufsgericht das Verfahren befristet aussetzt, falls der Behörde ein zureichender Grund für ihr Schweigen zur Seite steht. Fehlt es an einem zureichenden Grund, oder ist die Frist abgelaufen, ohne daß die Behörde tätig geworden ist, dann entscheidet das Berufsgericht in der Sache selbst.

V. Kein Vorverfahren

Dem Antrag auf gerichtliche Entscheidung geht nach der Bundesrechtsanwaltsordnung kein verwaltungsbehördliches Vorverfahren voraus. Da das Vorverfahren seit langem eine bekannte Erscheinung des Verwaltungsrechtsschutzes ist, wird man das Schweigen der Bundesrechtsanwaltsordnung zu dieser Frage[21] schwerlich mit einem Versehen erklären können. Man muß vielmehr davon ausgehen, daß die Bundesrechtsanwaltsordnung bewußt auf ein verwaltungsbehördliches Vorverfahren verzichtet hat, so daß ein ergänzender Rückgriff auf die §§ 68 ff. VwGO ausgeschlossen ist.

(1) Das Fehlen eines Vorverfahrens in der Bundesrechtsanwaltsordnung ist sachgerecht, soweit es in Bund und Ländern bei der ursprünglichen Zuständigkeit der jeweils obersten Justizbehörden geblieben ist. Auch nach der Verwaltungsgerichtsordnung bedarf es regelmäßig keines Vorverfahrens, wenn über das Verhalten einer obersten Bundes- oder Landesbehörde gestritten wird, § 68 I Nr. 1 VwGO.

(2) Soweit hingegen auf Grund der Ermächtigung des § 224 BRAO die Zuständigkeit nachgeordneter Justizbehörden begründet ist, erweist sich das Fehlen eines behördlichen Vorverfahrens als Mangel, da alle Gründe, die allgemein für dessen Einführung sprechen[22], auch bei den Zulassungssachen gegeben sind: Es würde die anwaltlichen Berufsgerichte entlasten, die Justizbehörden vor vermeidbaren Prozessen

---
[20] Ebenso § 88 SGG, § 27 II EGGVG, § 19 II 2, 3 BVerwGG.
[21] Zu der auch die Materialien soweit ersichtlich, keine Stellung nehmen.
[22] Dazu *Bettermann*, DVBl. 1959, 311 sub II.

abschirmen und dem Betroffenen ein Mehr an Rechtsschutz gewähren. Gerade dieser letzte Punkt gewinnt hier Bedeutung: Bei den Maßnahmen, die nach § 224 nachgeordneten Justizbehörden übertragen worden sind, handelt es sich zumeist um Ermessensentscheidungen. Da das anwaltliche Berufsgericht nach § 39 III insoweit nur nachprüfen kann, ob die Grenze des Ermessens überschritten oder von ihm in einer dem Zwecke der Ermächtigung nicht entsprechenden Weise Gebrauch gemacht worden ist, bedeutet ein Vorverfahren für den Betroffenen die einzige Möglichkeit, auch die Zweckmäßigkeit und Billigkeit der getroffenen oder abgelehnten Maßnahme überprüfen zu lassen. De lege ferenda sollte deshalb für Zulassungsstreitigkeiten mit nachgeordneten Behörden ein Vorverfahren eingeführt werden.

§ 18 Die Folgen der Antragstellung

Der Antrag auf gerichtliche Entscheidung löst eine Reihe von rechtlichen Folgen aus, von denen der Suspensiveffekt und die Kostenfolge näher betrachtet werden sollen. Sie sind exemplarisch für die mangelnde Harmonie der Bundesrechtsanwaltsordnung mit übergeordneten verwaltungsprozessualen Zusammenhängen.

I. Suspensiveffekt

Eine allgemeine Vorschrift des Inhalts, daß der Antrag auf gerichtliche Entscheidung aufschiebende Wirkung hat[1], fehlt in der Bundesrechtsanwaltsordnung. Nur in ihren §§ 16 V 1, 35 II 7 legt sie dem Antrag auf gerichtliche Entscheidung für zwei Einzelfälle einen Suspensiveffekt bei. Daraus läßt sich ableiten, daß im übrigen, also bei der Anfechtung nach den §§ 28 III, 29 III und 223 I, keine aufschiebende Wirkung eintreten soll. Ein Rückgriff auf § 24 FGG oder § 80 VwGO ist deshalb ausgeschlossen. Art. 19 IV 1 GG steht dem nicht entgegen. Denn zur Einlösung des dort gegebenen Rechtsschutzversprechens genügt die Möglichkeit vorläufigen richterlichen Schutzes durch einstweilige Anordnung[2]. Ein Aufschub jeder angefochtenen Maßnahme unmittelbar kraft Gesetzes ist keinesfalls zu fordern[3]. In den beiden genannten

---

[1] Vgl. etwa § 80 VwGO, § 97 SGG.
[2] *Ule*, DVBl. 1959, 538 f.; *Bettermann*, Grundrechte III/2 S. 810; über die einstweilige Anordnung bei Zulassungsstreitigkeiten s. unten § 21 II.
[3] Das verkennt *BVerwGE* 1, 11 und ihm folgend *OVG Lüneburg*, DÖV 1958, 231; ebenso *Siegmund-Schultze*: Die vorläufige Vollziehung angefochtener Verwaltungsakte und Art. 19 IV GG (Diss. Göttingen 1957), S. 100 ff.

§ 18 Die Folgen der Antragstellung

Fällen, in denen der Antrag auf gerichtliche Entscheidung aufschiebende Wirkung hat, kann das Gericht auf Antrag[4] der Justizverwaltung anordnen, daß die „Verfügung" zu vollziehen sei, wenn dies im öffentlichen Interesse[5] geboten ist. Ein Rechtsmittel gegen die Entscheidung des Gerichtes gibt es nicht[6], wie § 42 I erweist, in welchem mit der sofortigen Beschwerde in den fünf dort genannten Fällen die Rechtsmittel bei Zulassungsstreitigkeiten abschließend aufgezählt sind.

II. Kostenfolge

Typisch für die mangelnde Systematik und die dogmatische Rückständigkeit der Bundesrechtsanwaltsordnung sind die kostenrechtlichen Folgen der Antragstellung[7].

1. Anwendung der Kostenordnung

Rechtsgrundlage sind die §§ 200 ff. BRAO sowie die Bestimmungen der Kostenordnung[8], die mit Ausnahme ihres § 8 II und III von § 200 Satz 1 für das berufsgerichtliche Verfahren bei Zulassungsstreitigkeiten übernommen sind. Begründet wird diese Rezeption mit der subsidiären Geltung des FGG[9], dessen Kostengesetz die Kostenordnung ist. Die Bedenken, die bereits gegen die Rezeption des FGG durch die Bundesrechtsanwaltsordnung zu erheben waren[10], gelten auch hier. Als Kostengesetz einer nichtstreitigen Gerichtsbarkeit wird die Kostenordnung dem streitigen berufsgerichtlichen Verfahren bei Zulassungsstreitigkeiten nicht gerecht, so daß es, wie noch zu zeigen ist, vielfältiger Anpassungen und Korrekturen bedarf. Allein sachgerecht wäre es gewesen, auf das für streitige Verfahren geschaffene Gerichtskostengesetz zurückzugreifen, das nach § 189 I VwGO in Verbindung mit § 104 MRVO 165, § 28c VGG Berlin und § 73 BVerwGG auch heute noch für weite Teile

---

[4] Den man trotz des insoweit unergiebigen Wortlautes für erforderlich halten muß, da die Gerichtsbarkeit der Bundesrechtsanwaltsordnung in Zulassungssachen von der Dispositionsmaxime beherrscht wird.
[5] Über diesen Begriff ausführlich *Kalsbach*, § 16 Erl. 5 IV; § 35 Erl. 9.
[6] *Bülow*, § 16 Erl. 9; § 35 Erl. 11.
[7] Die nicht zu verwechseln sind mit der Kostenverteilung zwischen den Beteiligten, über die erst in der Endentscheidung befunden wird. Über diese Frage, die hier nicht weiter verfolgt wird, vgl. *Schumann*, NJW 1959, 1761; *Lappe*, DRpfl. 1959, 333; *Zimmermann*, NJW 1961, 911.
[8] i. d. F. der Anl. 2 zu Art. XI § 7 des Gesetzes zur Änderung und Ergänzung kostenrechtlicher Vorschriften vom 26. 7. 1957 (BGBl. I S. 861).
[9] *Amtl. Begr.* zu § 200.
[10] s. oben § 14 II 4.

der Verwaltungsgerichtsbarkeit gilt. Auch das geplante Verwaltungsgerichtskostengesetz wird sich ihm eng anschließen[11]. Aufschlußreich ist, daß die Rechtsanwaltsgebührenordnung diesen Fehler vermieden hat und in ihrem § 110 II für die Vergütung des Rechtsanwaltes bei Zulassungsstreitigkeiten ihre §§ 114, 115 für sinngemäß anwendbar erklärt, die von der Vergütung bei Verwaltungsstreitverfahren (!) handeln. Hier wußte anscheinend die eine Hand des Gesetzgebers nicht, was die andere tat.

2. Fehlen einer Vorschußpflicht

Nach § 2 Nr. 1 und § 7 KostO ist regelmäßig der Antragsteller als derjenige, der die Tätigkeit des Gerichtes veranlaßt, zur Zahlung der Kosten verpflichtet. Sie werden als Gebühren mit der Beendigung des gebührenpflichtigen Geschäfts, als Auslagen nach ihrer Entstehung fällig, und zu ihrer Deckung ist nach § 8 I KostO ein hinreichender Vorschuß zu zahlen. Die Vorauszahlung ist ohne Einfluß auf die Durchführung des Verfahrens, da § 8 II KostO, wonach die Vornahme der gerichtlichen Tätigkeit von der Zahlung des Vorschusses abhängig gemacht werden soll, in § 200 Satz 2 BRAO von der Rezeption ausgeschlossen ist. Das soll seinen Grund darin haben, daß es „mit den besonderen Aufgaben dieses Verfahrens nicht vereinbar sein (würde), wenn seine Durchführung von der Sicherung des Kosteneingangs abhängig gemacht werden würde"[12], auch dürfe (!) das Verfahren „seiner Natur nach" nicht davon abhängig gemacht werden, da das „einer Versagung des Rechtsschutzes gleichkommen" könne[13]. Beide Äußerungen bleiben ohne Begründung und sind wohl auch schwerlich begründbar, nachdem § 189 II VwGO alle Vorschriften nach denen im Verwaltungsprozeß die Nichtzahlung von Vorschüssen Nachteile für den Kostenpflichtigen bewirkt[14], ausdrücklich unberührt läßt, und das *Bundesverfassungsgericht*[15] in Übereinstimmung mit der herrschenden Meinung[16] den einschlägigen Art. 24 Bay. KG für grundgesetzmäßig erklärt hat. Zu rechtfertigen ist dieser Ausschluß des § 8 II KostO von der

---

[11] *Schunck-De Clerck,* § 189 Erl. 1 a.

[12] *Amtl. Begr.* zu § 200.

[13] *Bülow,* § 200 Erl. 4.

[14] Art. 24 Bay. KG; § 28e VGG Berlin; § 27 II VwGKG Rhld.-Pf.; § 100 II VGG Saar; § 19 AusfG Saar.

[15] BVerfGE 10, 264 = Bay. VBl. 1960, 63 = DVBl. 1960, 203 = DÖV 1960, 185 = JZ 1960, 172 = MDR 1960, 199 = NJW 1960, 337 = VRspr. 12, 521.

[16] *Gützkow,* DÖV 1954, 184; *Jehle,* Bay. VBl. 1959, 397; *Ule,* DVBl. 1959, 540; Verwaltungsgerichtsbarkeit, § 189 Erl. II; *Klinger,* § 189 Erl. zu Abs. II; *Eyermann-Fröhler,* § 189 Rdnr. 2; *BVerwG* (V. Senat), DVBl. 1960, 34; *Bay. VGH,* Bay. VBl. 1959, 226; a. M. *BVerwG* (VII. Senat), NJW 1959, 1560.

§ 18 Die Folgen der Antragstellung

Rezeption allenfalls damit, daß das Ruhen des Verfahrens immer dann zur Beugung des Kostenschuldners ungeeignet ist, wenn dieser währenddessen den Schutz eines Suspensiveffektes genießt. Im berufsgerichtlichen Verfahren kommt das aber nur für die zwei Fälle der §§ 16 V 1 und 35 II 7 in Betracht[17].

3. Gesetzliche Regelung im einzelnen

Die Kostenpflicht des Antragstellers ist nach § 201 II (2), wonach im Falle des § 39 Gebühren und Auslagen nicht erhoben werden, auflösend bedingt durch das Unterliegen der Justizverwaltung. Das bedarf der Erläuterung.

(1) Zunächst ist klarzustellen, daß diese Bestimmung nicht, wie man angesichts der allgemeinen Verweisung auf § 39 meinen könnte, für alle Anträge gegen die Justizverwaltung Gerichtskostenfreiheit gewährt. Die Systematik des § 201 läßt vielmehr erkennen, daß dessen Abs. I alle für den Antragsteller erfolglosen, die Abs. II und III dagegen die erfolgreichen Anträge betreffen. § 201 II (2) ist deshalb nur dann anzuwenden, wenn ein gegen die Justizverwaltung gerichteter Antrag auf gerichtliche Entscheidung zum Erfolg führt. Dann, und nur dann, werden Gebühren und Auslagen nicht erhoben.

(2) § 201 II (2) zieht damit die Folgerung aus § 11 I KostO, der Bund und Länder von der Kostenpflicht befreit. Auch das — die Rezeption des § 11 I KostO — ist im Grundsatz verfehlt. Denn die Tendenz der Verwaltungsgerichtsgesetze geht gerade dahin, auch im Kostenrecht Waffengleichheit zu gewähren und die öffentliche Hand kostenpflichtig zu machen, wie § 163 I VwGO, § 104 IV MRVO 165 und § 28c II VGG Berlin erweisen. Die Bundesrechtsanwaltsordnung hinkt auch hier hinter der allgemeinen Rechtsentwicklung her.

(3) § 201 II (2) paßt zugleich die für nichtstreitige Verfahren geschaffene Kostenordnung den Verhältnissen einer streitigen Gerichtsbarkeit an. Er entspricht insoweit § 2 III GKG, für den es eine Parallele in der Kostenordnung nicht gibt[18] und wegen des nichtstreitigen Charakters der typischerweise von ihr erfaßten Fälle auch nicht zu geben braucht. Diese Anpassungsmanöver wären vermieden worden, wenn man statt der Kostenordnung das Gerichtskostengesetz rezipiert hätte. Der Sinn des § 201 II (2) BRAO, zu dessen Ermittlung § 2 I GKG herangezogen werden kann, geht dahin, die Kostenpflicht des Antragstellers mit Rechtskraft der obsiegenden Entscheidung entfallen zu lassen. Sie ist also bei Anträgen auf gerichtliche Entscheidung, die sich gegen die

---
[17] s. oben § 18 I.
[18] *Lauterbach:* Kostengesetze (14. Aufl. 1960), § 11 KostO Erl. 1.

Justizverwaltung richten, auflösend bedingt[19]. Von dem obsiegenden Antragsteller sind keine Gerichtskosten mehr einzufordern, und bereits gezahlte Kosten sind ihm unmittelbar von der Gerichtskasse zurückzuerstatten. Es ist nicht zulässig, ihn insoweit auf seinen Kostenerstattungsanspruch gegen die unterlegene Justizverwaltung zu verweisen. Als von den Kosten Befreite ist diese niemals, auch nicht qua Kostenerstattung, zur Zahlung von Gebühren verpflichtet[20].

§ 19 Über die Endentscheidung bei Zulassungsstreitigkeiten

I. Entscheidungsform

Nach §§ 41 I, 163 entscheiden die anwaltlichen Berufsgerichte „über den Antrag durch Beschluß, der mit Gründen zu versehen ist".

(1) Wie § 41 II, V und § 201 ergeben, ist der „Antrag" über den durch Beschluß zu entscheiden ist, der Antrag auf gerichtliche Entscheidung. Korrekter wäre deshalb die Formulierung gewesen, daß die anwaltlichen Berufsgerichte auf den Antrag auf gerichtliche Entscheidung hin über das damit verbundene Begehren[1] durch Beschluß entscheiden.

(2) Der Beschluß des § 41 I 1 ist die Endentscheidung des berufsgerichtlichen Verfahrens bei Zulassungsstreitigkeiten. Er entspricht damit dem Urteil in der Verwaltungsgerichtsbarkeit. Ergänzend sind deshalb die Bestimmungen der Verwaltungsgerichtsordnung über Urteile, nicht die über Beschlüsse anzuwenden[2]. Eine Notwendigkeit, das Verfahren statt mit dem herkömmlichen Urteil durch Beschluß zu beenden, ist nicht ersichtlich. Wie bei der Verfahrenseinleitung der Antrag auf gerichtliche Entscheidung durch den Begriff der Klage, so sollte hier der Beschluß durch das Urteil ersetzt werden.

II. Entscheidung bei unzulässigem Antrag

Ist der Antrag auf gerichtliche Entscheidung unzulässig[3], dann wird er vom Gericht, wie der von den Kosten handelnde § 201 I erkennen

---
[19] Deswegen bleibt die Vorschußpflicht des Antragstellers bestehen.
[20] So allgemein *Lauterbach,* § 3 GKG Erl. 5; *Stein-Jonas-Schönke-Pohle,* § 91 Anm. 70; § 104 Erl. II 3.
[1] s. oben § 16.
[2] Vgl. zu einer ähnlichen Frage *Roquette:* Mieterschutzgesetz (1956), § 40 Rdnr. 27.
[3] Vgl. über die Zulässigkeitsvoraussetzungen oben § 17.

läßt, „als unzulässig verworfen". § 201 I bestätigt damit den allgemeinen prozessualen Grundsatz, daß ein Gericht nur dann in der Sache selbst entscheiden darf, wenn die verfahrensrechtlichen Voraussetzungen einer Sachentscheidung erfüllt sind.

III. Entscheidung bei Unbegründetheit des geltend gemachten Anspruchs

Ist der Antrag auf gerichtliche Entscheidung dagegen zulässig, das mit ihm geltendgemachte Begehren aber unbegründet, dann wird, wie die §§ 201 I, 41 II 2 ergeben, der Antrag auf gerichtliche Entscheidung als unbegründet zurückgewiesen. Diese Formulierung ist verfehlt. Denn das Gericht weist den Antrag auf gerichtliche Entscheidung keineswegs zurück, sondern entscheidet vielmehr auf den Antrag auf gerichtliche Entscheidung hin in der Sache selbst. Das wird besonders deutlich in § 41 II 1, wonach das Gericht, das den gegen ein Gutachten des Kammervorstandes gerichteten Antrag auf gerichtliche Entscheidung als unbegründet zurückweist, zugleich feststellt, „daß der von dem Vorstand der Rechtsanwaltskammer angeführte Versagungsgrund vorliegt". Als unbegründet zurückgewiesen wird vielmehr das mit dem Antrag auf gerichtliche Entscheidung verbundene Begehren, wie § 42 I zutreffend formuliert. Richtig muß es deshalb heißen, daß das anwaltliche Berufsgericht auf den Antrag auf gerichtliche Entscheidung hin das Begehren des Antragstellers als unbegründet zurückweist.

IV. Entscheidung bei Begründetheit des Anspruchs

Ist das Begehren des Antragstellers begründet, dann gilt folgendes:

1. Anfechtungsprozeß

(1) Wendet sich der Anwalt, Anwaltsvertreter oder Anwaltsbewerber gegen einen belastenden Verwaltungsakt und ist sein Begehren auf dessen Aufhebung begründet, dann hebt das Gericht gemäß § 41 III 1 den Verwaltungsakt auf. Wann das Aufhebungsbegehren begründet ist, sagt die Bundesrechtsanwaltsordnung nicht ausdrücklich[4]. Die Antwort auf diese rein materiellrechtliche Frage[5] läßt sich § 223 I 2 entnehmen.

---

[4] Vgl. dagegen § 113 I 1 VwGO.
[5] *Bettermann*, DVBl. 1953, 167 sub aa).

Denn wenn das Aufhebungsbegehren nur darauf gestützt werden kann, daß der Verwaltungsakt, weil rechtswidrig, den Antragsteller in seinen Rechten beeinträchtige, so ist es auch nur begründet, wenn eben diese Voraussetzungen erfüllt sind[6]. Das gilt entsprechend, wenn sich der Antrag auf gerichtliche Entscheidung nicht auf die Generalklausel, sondern auf einen der §§ 16 IV, 28 III, 29 III oder 35 II stützt. Stand der Verwaltungsakt dagegen im Ermessen der Behörde, so ist er nach § 39 III nur rechtswidrig, wenn die erlassende Behörde die gesetzlichen Grenzen ihres Ermessens überschritten oder davon in einer dem Zwecke der Ermächtigung nicht entsprechenden Weise Gebrauch gemacht, ihr Ermessen also mißbraucht hat.

(2) Hält das Gericht die Ablehnung eines Antrages auf Vornahme einer Amtshandlung für rechtswidrig und den Antragsteller dadurch für in seinen Rechten verletzt, so hebt es zunächst und in allen Fällen nach § 41 III 1 den Ablehnungsbescheid auf. Hält es zudem den geltendgemachten Anspruch im Zeitpunkt der gerichtlichen Entscheidung für begründet, dann verurteilt es außerdem nach § 41 III 2 die Behörde zur Leistung. Dabei ist mit *Bettermann*[7] zu unterscheiden: Die Verurteilung nach § 41 III 1 den Ablehnungsbescheid auf. Hält es zudem den geltend lautet auf Bescheidung, wenn die erstrebte Amtshandlung im Ermessen der Behörde steht, da der Antragsteller dann nur einen Anspruch auf fehlerfreie Ermessensausübung hat. Das ist gemeint, wenn § 41 III 2 auf die Spruchreife abstellt. Ist die gewünschte Amtshandlung dagegen gebunden, dann hat das Gericht selbständig deren gesetzliche Voraussetzungen zu klären und gegebenenfalls zur Vornahme zu verurteilen.

2. Untätigkeitsprozeß

Ähnlich liegt es, wenn die Behörde auf einen Vornahmeantrag geschwiegen hat. Nur ist die Entscheidung hier ausschließlich Leistungsentscheidung, da ein Ablehnungsbescheid, der aufzuheben wäre, nicht ergangen ist. Bei gebundener Amtshandlung wird zur Vornahme, sonst zur Bescheidung verurteilt. Der einschlägige § 41 IV weicht davon insofern ab, als er im Gegensatz zu § 41 III 2 unterschiedslos nur eine Verurteilung zur Bescheidung vorsieht. Das ist zu eng und widerspricht

---

[6] Das ist nichts anderes als eine Positivierung der allgemeinen actio negatoria des öffentlichen Rechts. Dazu *Bettermann*, DÖV 1955, 534 ff.; Grundrechte III/2, S. 803 f.; *Menger:* Über die Identität des Rechtsgrundes der Staatshaftungsklagen und einiger Verwaltungsstreitsachen, in: Gedächtnisschrift für Walter Jellinek, S. 347 ff.; MDR 1955, 512; Der Schutz der Grundrechte in der Verwaltungsgerichtsbarkeit, in: Die Grundrechte, Bd. III/2 (1959), S. 717 ff., S. 733.

[7] NJW 1960, 650 ff., dessen Auslegung des entsprechenden § 113 VwGO sich *BVerwGE*, 11, 95 (99) angeschlossen hat.

Art. 19 IV 1 GG: Wenn der Antragsteller einen Anspruch auf die beantragte Vornahme hat, dann muß ihm bei behördlicher Untätigkeit dafür auch der Rechtsweg offenstehen. § 41 IV ist deshalb entsprechend § 41 III 2 zu erweitern, so daß das Gericht zur Vornahme verurteilt, wenn es den Antragsteller dadurch für beschwert hält, daß die Justizverwaltung einem begründeten Antrag auf Vornahme einer gebundenen Amtshandlung gegenüber untätig geblieben ist.

3. Gutachtenprozeß

Hält der Ehrengerichtshof das gemäß § 38 II 1 erhobene Begehren festzustellen, daß der von dem Vorstand der Rechtsanwaltskammer gutachtlich angeführte Versagungsgrund nicht vorliegt, für begründet, dann hat es nach § 41 II 1 die beantragte Feststellung zu treffen.

§ 20 Über das Beschwerdeverfahren

Als Rechtsmittel gegenüber den erstinstanzlichen Entscheidungen des Ehrengerichtshofes gewährt die Bundesrechtsanwaltsordnung in § 42 die sofortige Beschwerde, über welche nach § 42 V der Senat für Anwaltssachen beim Bundesgerichtshof entscheidet.

I. Sofortige Beschwerde als einziges Rechtsmittel

Die sofortige Beschwerde des § 42 ist das einzige Rechtsmittel bei Zulassungsstreitigkeiten[1]. Obwohl nach den §§ 40 IV, 42 VI subsidiär das FGG gilt, ist ein Rückgriff auf die einfache Beschwerde des § 19 FGG nicht zulässig. Das ergibt sich daraus, daß die Rezeption des FGG nicht einheitlich für das Verfahren aller Instanzen angeordnet worden ist, sondern getrennt für das Verfahren erster Instanz in den §§ 40 IV, 163 und für die zweite Instanz in § 42 VI. Das FGG soll also nur insoweit gelten, als die Gerichte der anwaltlichen Berufsgerichtsbarkeit nach der Bundesrechtsanwaltsordnung erst- oder zweitinstanzlich zuständig sind. § 19 I FGG als (auch) Zuständigkeitsnorm ist deshalb von der Rezeption ausgeschlossen. Dieses Ergebnis wird bestätigt durch die Gesetzesmaterialien, in denen nirgends von anderen Rechtsmitteln als der sofortigen Beschwerde des § 42 die Rede ist.

---

[1] Vgl. dazu auch § 203 II, wonach die Entscheidung des Ehrengerichtshofes über die Einwendungen und Erinnerungen gegen den Ansatz von Kosten nicht angefochten werden kann.

II. Rechts- und Tatsachenbeschwerde

Die sofortige Beschwerde eröffnet den Beteiligten eine zweite Tatsacheninstanz[2]. Sie ist entgegen den Vorschlägen der Rechtsanwaltschaft[3] keine Rechtsbeschwerde, sondern kann auf neue Tatsachen und Beweise gestützt werden, wie der über § 42 IV 2 entsprechend anzuwendende § 23 FGG ergibt.

III. Statthaftigkeit

Die sofortige Beschwerde ist nicht gegen jede erstinstanzliche Entscheidung des Ehrengerichtshofes statthaft. Voraussetzung ist nach § 42 I bis III vielmehr, daß der Ehrengerichtshof über eines dieser fünf Begehren entschieden hat: (1) Feststellung daß der in dem Gutachten des Vorstandes der Rechtsanwaltskammer angeführte Versagungsgrund nicht vorliegt; (2) Zulassung zur Rechtsanwaltschaft; (3) Aufhebung der Zurücknahme der Zulassung zur Rechtsanwaltschaft; (4) Zulassung bei einem Gericht; (5) Aufhebung der Zurücknahme der Zulassung bei einem Gericht. Diese Aufzählung ist in Nr. 2 und 4 nicht korrekt formuliert. Da der Ehrengerichtshof keine reformatorische Entscheidung an Stelle der Justizverwaltung trifft[4], lautet das Begehren niemals auf Zulassung zur Rechtsanwaltschaft oder bei einem Gericht, sondern stets (nur) auf Verpflichtung der Justizverwaltung zur Erteilung der Zulassung[5]. Dieses Begehren kann erhoben werden, wenn die Justizverwaltung die Zulassung abgelehnt hat oder wenn sie einen Zulassungsantrag ohne zureichenden Grund innerhalb von drei Monaten nicht beschieden hat. Auf beide Fälle ist deshalb § 42 I Nr. 2 und 4 zu beziehen, so daß die sofortige Beschwerde immer statthaft ist, wenn der Ehrengerichtshof über ein Begehren auf Verpflichtung der Justizverwaltung zur Zulassung zur Rechtsanwaltschaft oder bei einem Gericht entschieden hat[6]. Aus § 42 folgt weiter, daß bei den dort nicht aufgezählten Zulassungsstreitigkeiten der §§ 28 III, 29 III, IV und 223 weder die sofortige Beschwerde

---

[2] *Kalsbach*, § 42 Erl. 5 IV; *Bülow*, § 42 Erl. 1 (3); *BGH*, NJW 1962, 1725 (sub a).

[3] *Kalsbach*, § 42 Erl. 7 II.

[4] s. oben § 15 II.

[5] s. oben § 16 II.

[6] Unrichtig deshalb *Bülow*, § 42 Erl. 1 und *Kalsbach*, § 42 Erl. 1 II, wonach es in allen Fällen der „Untätigkeitsklage" keine sofortige Beschwerde gebe. Ihre Begründung, ein einstufiger Rechtsschutz sei, gemessen an der Bedeutung der zu entscheidenden Fragen, ausreichend, diese Verfahren berührten nicht unmittelbar Existenzbegründung und Existenzverlust, hält einer genauen Nachprüfung nicht stand.

noch ein sonstiges Rechtsmittel statthaft ist[7]. Davon wird für § 223 allerdings eine Ausnahme zu machen sein, falls der auf die Generalklausel gestützte Antrag auf gerichtliche Entscheidung ein Begehren enthält, das für die Existenzbegründung oder Existenzvernichtung des Antragstellers von ähnlich weittragender Bedeutung ist wie die in § 42 aufgezählten Streitigkeiten[8].

IV. Beschwerdeberechtigung

Die sofortige Beschwerde steht nur den Beschwerdeberechtigten zu. Das sind, wie § 42 I bis III ergibt, die Hauptbeteiligten, ferner im Gutachtenprozeß des § 38 auch die Justizverwaltung, selbst dann, wenn sie sich an dem Verfahren des ersten Rechtszuges nicht beteiligt hat.

V. Beschwer

Zur Zulässigkeit der Beschwerde gehört regelmäßig auch eine Beschwer des Rechtsmittelführers, die immer dann vorliegt, wenn die Entscheidung des Ehrengerichtshofes hinter dem Sachantrag des Beschwerdeführers zurückgeblieben ist. Im Gegensatz dazu erweckt § 42 allerdings den Eindruck, als genüge nicht jede, sondern nur eine bestimmte, in den Absätzen I bis III genau umschriebene Beschwer.

1. Beschwer des Antragstellers

Nach § 42 I steht dem Antragsteller die sofortige Beschwerde zu, wenn der Ehrengerichtshof sein Begehren in einem der fünf aufgezählten Fälle „zurückgewiesen" hat.

(1) Folgte man dem von der Bundesrechtsanwaltsordnung in der Kostenvorschrift des § 201 verwendeten Sprachgebrauch, der dem als unzulässig verworfenen Antrag auf gerichtliche Entscheidung den (als unbegründet) zurückgewiesenen[9] gegenüberstellt, so wäre eine sofortige Beschwerde des Antragstellers nicht zulässig, wenn der Ehrengerichtshof seinen Antrag auf gerichtliche Entscheidung als unzulässig ver-

---

[7] *Bülow*, § 42 Erl. 1 (2); *Kalsbach*, § 42 Erl. 1 II; § 223 Erl. 3 II; unrichtig *Fischinger*, JZ 1960, 48 sub VI 2, wonach die sofortige Beschwerde nur in den Fällen der §§ 28 III, 29 IV versagt sei; sie ist es vor allem regelmäßig bei § 223!
[8] Vgl. BGHZ 34, 244 (250 sub 2 a) = NJW 1961, MDR 1961, 409 = BB 1961, 497 = LM Nr. 1 zu § 42 BRAO.
[9] Darüber, daß diese Formulierung verfehlt ist, s. oben § 19 III.

worfen hat. Das kann indes schwerlich der Sinn des § 42 I sein, der ganz offensichtlich von der Absicht getragen ist, bei allen „existenzberührenden"[10] Zulassungsstreitigkeiten den Rechtsschutz zweistufig zu gestalten. Existenzberührend ist aber auch das verfahrensrechtlich bedingte Unterliegen des Antragstellers.

(2) Tatsächlich kann der Sprachgebrauch des § 201 nicht auf § 42 I übertragen werden. Denn der Antrag, der in § 201 I „zurückgewiesen oder als unzulässig verworfen" wird, ist der Antrag auf gerichtliche Entscheidung. § 42 I aber handelt nicht von dem Antrag auf gerichtliche Entscheidung, sondern von dem mit ihm verbundenen Sachantrag, dem mit ihm geltendgemachten Begehren. Die Formulierung des § 42 I ist dahin zu verstehen, daß dieses Begehren erfolglos geblieben sein muß. Erfolglos geblieben ist es aber auch dann, wenn der Ehrengerichtshof den Antrag auf gerichtliche Entscheidung als unzulässig verworfen hat. Man wird deshalb davon auszugehen haben, daß der Begriff der Zurückweisung in § 42 I jede Beschwer des Antragstellers, also auch den als unzulässig verworfenen Antrag, auf gerichtliche Entscheidung umfaßt.

2. *Beschwer der Justizverwaltung*

Der Justizverwaltung steht nach § 42 II 1 die sofortige Beschwerde zu, „wenn der Ehrengerichtshof in den Fällen des Absatzes 1 einen Bescheid oder eine Verfügung der Landesjustizverwaltung aufgehoben hat".

(1) Das ist zu eng bei § 42 I Nr. 2 und 4, weil es die Verurteilung der untätigen Justizverwaltung zur Zulassung nicht erfaßt. Es besteht kein sachlicher Grund, diesen Fall anders zu behandeln als den, daß die Behörde unter Aufhebung ihres Ablehnungsbescheides verurteilt worden ist.

(2) Nicht getragen von der Formulierung des § 42 II 1 wird ferner der Fall, daß die Justizverwaltung die Zurückweisung des Antrages auf gerichtliche Entscheidung als unbegründet beantragt, der Ehrengerichtshof den Antrag auf gerichtliche Entscheidung aber als unzulässig verworfen hat. Auch hier ist die Justizverwaltung beschwert[11]. Es ist kaum anzunehmen, daß man bei der Fassung des § 42 II 1 an diesen seltenen Fall gedacht hat; die enge Fassung des Gesetzes dürfte vielmehr auf einem Versehen beruhen. Es ist deshalb § 42 II 1 korrigierend dahin zu lesen, daß der Justizverwaltung die sofortige Beschwerde zusteht, wenn sie in den Fällen des Absatzes 1 durch die Entscheidung des Ehrengerichtshofes beschwert ist.

---

[10] *Kalsbach*, § 42 Erl. 1 II.

3. Anschlußbeschwerde

Antragsteller und Justizverwaltung steht auch ohne Beschwer[12] die sofortige Beschwerde zu, wenn sie sich der zulässigen Beschwerde ihres Gegners anschließen. Man wird die Anschlußbeschwerde in Anlehnung an § 127 VwGO auch in berufsgerichtlichen Verfahren bei Zulassungsstreitigkeiten für zulässig zu halten haben.

4. Gutachtenprozeß

Ganz von einer Beschwer wird abgesehen in § 42 II 2, wonach die Justizverwaltung die sofortige Beschwerde selbständig erheben kann, wenn der Ehrengerichtshof über einen Antrag auf Feststellung, daß der von dem Vorstand der Rechtsanwaltskammer gutachtlich ausgeführte Versagungsgrund nicht vorliegt, entschieden hat. Hier kommt es nach § 42 II 2 secundo nicht darauf an, ob sich die Justizverwaltung am erstinstanzlichen Verfahren beteiligt hat, ob sie Anträge gestellt oder mit ihnen durchgedrungen ist. Die Justizverwaltung hat in diesem Prozeß zwischen Rechtsanwaltskammer und Bewerber eine ähnliche Stellung wie der Vertreter des öffentlichen Interesses im allgemeinen Verwaltungsprozeß[13], der sogar Rechtsmittel gegen eine Entscheidung einlegen darf, die seiner eigenen bisherigen Stellungnahme entspricht[14], ihn also nicht beschweren kann.

5. Beschwer der Rechtsanwaltskammer

Der Rechtsanwaltskammer steht nach § 42 III die sofortige Beschwerde zu, wenn der Ehrengerichtshof das Nichtvorliegen eines gutachtlich behaupteten Versagungsgrundes festgestellt hat. Auch hier wird man entgegen dem Wortlaut des Gesetzes die Beschwerde für zulässig zu halten haben, falls der Ehrengerichtshof den Antrag auf gerichtliche Entscheidung entgegen dem auf Unbegründetheit lautenden Antrage der Rechtsanwaltskammer als unzulässig verworfen hat; denn es ist

---

[11] Vgl. allgemein zu dieser Frage etwa *RG*, Gruch. 46, 1088; SA 79 Nr. 133; *Stein-Jonas-Schönke-Pohle*, § 511 Erl. II A 2; *Wieczorek*, § 511 Erl. B II c 3; *Rosenberg*, § 134 II 2 a.

[12] So zu § 127 VwGO *Schunck-de Clerck*, § 127 Erl. 1 d; *Eyermann-Fröhler*, § 127 Rdnr. 8; *Klinger*, § 127 Erl. A 2; *Ule*, § 127 Erl. I.

[13] Ähnlich *Bülow*, § 42 Erl. 8, wonach die Justizverwaltung als „Trägerin der Justizhoheit und Hüterin der Rechtspflege" in jedem Falle beschwerdeberechtigt sei. Allgemein zum Vertreter des öffentlichen Interesses: A. *Baring*, Verw. Arch. 50, 105 ff.

[14] *BVerwGE* 7, 226.

Viertes Kapitel: Das Verfahren bei Zulassungsstreitigkeiten

nicht anzunehmen, daß der Gesetzgeber bewußt diesen Fall von der sofortigen Beschwerde ausnehmen wollte.

VI. Verfahren

Das Verfahren des Senats für Anwaltssachen bei der Entscheidung über die sofortige Beschwerde gestaltet sich, wie die Gleichheit der Verweisungen in § 40 IV und § 42 VI zeigt, grundsätzlich wie das Verfahren erster Instanz. Es sind deshalb hier nur Einzelfragen bei Anwendung des § 42 zu erörtern.

1. Fristen

Die sofortige Beschwerde ist nach § 42 IV 1 innerhalb einer Frist von zwei Wochen einzulegen. Die Frist beginnt nach § 22 I 2 FGG mit dem Zeitpunkt, in welchem die Entscheidung des Ehrengerichtshofes dem Beschwerdeführer bekanntgemacht worden ist, und wird nur gewahrt durch Einlegung der Beschwerde beim judex a quo. Einlegung bei dem Senat für Anwaltssachen als dem judex ad quem ist unzulässig[15] und deshalb zur Fristwahrung nicht geeignet.

2. Suspensiveffekt

Nach § 42 IV 2 hat die sofortige Beschwerde aufschiebende Wirkung. Dieser Suspensiveffekt bezieht sich nicht, wie man in Anlehnung an § 80 VwGO und an die §§ 16 V 1, 35 II 7 BRAO meinen könnte, auf die dem Rechtsstreit zugrunde liegende verwaltungsbehördliche Maßnahme. Suspendiert wird vielmehr die Rechtskraft der Entscheidung erster Instanz. § 42 IV 2 erfüllt die Funktion des § 705 Satz 2 ZPO[16], der bestimmt, daß der Eintritt der Rechtskraft durch die rechtzeitige Einlegung eines Rechtsmittels gehemmt wird.

3. Inhalt der Entscheidung

Über den Inhalt der Beschwerdeentscheidung enthalten Bundesrechtsanwaltsordnung und FGG keine Angaben. Der Rückgriff auf die Verwaltungsgerichtsordnung ergibt folgendes: Die unzulässige Beschwerde ist zu verwerfen. Ist sie dagegen zulässig, so kann der Senat für Anwalts-

---
[15] *Bülow*, § 42 Erl. 10.
[16] Der über § 167 I 1 VwGO auch für die Verwaltungsgerichtsbarkeit gilt.

sachen in der Sache selbst entscheiden und die sofortige Beschwerde als unbegründet zurückweisen oder auf die Beschwerde hin den erstinstanzlichen Beschluß abändern. Die Entscheidung kann dann den gleichen Inhalt haben wie eine Entscheidung erster Instanz, da der Senat für Anwaltssachen als Beschwerdegericht völlig an die Stelle des Ehrengerichtshofes tritt[17]. Das Beschwerdegericht kann aber auch den Rechtsstreit unter den Voraussetzungen und entsprechend § 130 VwGO zur anderweitigen Verhandlung und Entscheidung an den Ehrengerichtshof zurückverweisen.

VII. Kritische Würdigung

Wie dargelegt[18], begegnet die Beschränkung der Rechtsmittel durch § 42 BRAO keinen verfassungsrechtlichen Bedenken. Rechtspolitisch hingegen ist diese Beschränkung zu bedauern, da sie in allen von § 42 nicht erfaßten Fällen eine unterschiedliche Gesetzesauslegung durch die erst- und letztinstanzlich entscheidenden Ehrengerichtshöfe ermöglicht.

(1) Diese Gefahr wäre gebannt, wenn der Ehrengerichtshof bei Auslegungsdivergenz die Entscheidung des Senates für Anwaltssachen herbeizuführen hätte[19]. Aber während die Bundesrechtsanwaltsordnung in § 106 I Satz 2 in Verbindung mit den §§ 132, 136 GVG eine Vorlagepflicht des Senates für Anwaltssachen an die Großen Senate des Bundesgerichtshofes kennt[20], fehlt für den Ehrengerichtshof eine vergleichbare Bestimmung. Daß der Gedanke an die Notwendigkeit einer einheitlichen Rechtsprechung in § 100 II 1 anklingt, wonach für mehrere Oberlandesgerichts- und Kammerbezirke ein gemeinsamer Ehrengerichtshof errichtet werden kann, wenn dies „insbesondere der Sicherung einer einheitlichen Rechtsprechung (!) dienlich ist", hilft demgegenüber wenig.

(2) Der Mangel wäre behoben, wenn über § 40 VI 2 BRAO, der auf das FGG verweist, auch § 28 II, II FGG entsprechend anwendbar wäre. Dann müßte der Ehrengerichtshof bei Divergenzabsicht den Rechtsstreit dem Senat für Anwaltssachen vorlegen, der an seiner Stelle in der Sache selbst entschiede. Die Rezeption des § 28 II, III FGG kann nicht bereits damit ausgeschlossen werden, daß dessen Vorlagepflicht nur bei der Entscheidung des Oberlandesgerichtes über Rechtsbeschwerden besteht, während der Ehrengerichtshof erstinstanzlich und vor allem als Tat-

---

[17] So zum Beschwerdeverfahren nach dem FGG: *Jansen:* Gesetz über die Angelegenheiten der freiwilligen Gerichtsbarkeit (1959), § 25 Erl. 1 c.
[18] Oben § 12 III.
[19] Nach dem Vorbild des § 28 II FGG, § 120 III GVG, § 47 MSchG, § 29 I EGGVG; vgl. auch § 18 IV 1 WBeschwO, Art. 100 III GG.
[20] Die entsprechend *BGHZ* 19, 355 auch besteht, wenn von der Auslegung der RAO abgewichen werden soll, soweit deren Bestimmungen in die Bundesrechtsanwaltsordnung übernommen worden sind.

sacheninstanz tätig wird. Denn der Senat für Anwaltssachen ist nach der Bundesrechtsanwaltsordnung volle Tatsacheninstanz, so daß er insoweit keine ihm wesensmäßig fremden Aufgaben übertragen bekäme, wenn der Rechtsstreit gemäß § 28 III FGG ihm zur Entscheidung unterbreitet würde. Auch der mehr formale Gesichtspunkt, daß § 28 II, III an die Entscheidung über eine weitere Beschwerde anknüpft, während der Ehrengerichtshof in erster Instanz tätig wird, kann nicht verfangen, da es Beispiele gibt, nach denen eine Vorlagepflicht nach Art des § 28 II, III FGG bereits bei der Entscheidung über eine erste Beschwerde[21] oder sogar bei einer erstinstanzlichen Entscheidung[22] besteht. Ausschlaggebend ist allein, daß die Ausgestaltung des Senats für Anwaltssachen als volle Tatsacheninstanz erkennen läßt, daß dieser nach dem Willen der Bundesrechtsanwaltsordnung nicht der Wahrung der Rechtseinheit dienen soll[23]. Diese Funktion bekäme er aber, wenn man § 28 II, III FGG entsprechend anwenden würde, was deshalb als unzulässig erscheint. Die Beurteilung wäre anders, wenn von Verfassungs wegen zur Wahrung der Rechtseinheit ein (Vorlage-)Weg zu einem oberen Bundesgericht eröffnet sein müßte. Aus dem Grundgesetz läßt sich eine solche Forderung indes nicht begründen[24].

§ 21 Gerichtliche Tätigkeiten außerhalb des Erkenntnisverfahrens

Von den gerichtlichen Tätigkeiten außerhalb des Hauptverfahrens sind Vollstreckung und einstweilige Anordnung zu erörtern.

I. Vollstreckung

Eine Vollstreckung kommt nur dort und insoweit in Betracht, als die berufsgerichtliche Entscheidung ihrem Inhalte nach zu zwangsweiser Durchsetzung geeignet, als sie Leistungsentscheidung ist[1]: bei allen Bescheidungs- und Vornahmebeschlüssen und bei allen in Durchführung

---

[21] § 14 III Gesetz über die innerdeutsche Regelung von Vorkriegsremboursverbindlichkeiten vom 20. 8. 1953 (BGBl. I S. 999); § 24 II UmstellungsErgG vom 21. 9. 1953 (BGBl. I S. 1439).
[22] § 29 1. DVO AktG vom 29. 9. 1937 (RGBl. I S. 1026).
[23] Der Revision und Rechtsbeschwerde vorzugsweise dienen; vgl. etwa *Schwinge:* Die Revision (2. Aufl. 1960), S. 30 ff; *Rosenberg,* § 132 II 2; *Stein-Jonas-Schönke-Pohle,* Erl. I 1 vor § 545; *Bettermann,* NJW 1954, 1306; *Reuß,* DÖV 1959, 10.
[24] *Bachof,* Wehrpflichtgesetz und Rechtsschutz, S. 61.
[1] *Rosenberg,* § 169 I.

§ 21 Gerichtliche Tätigkeiten außerhalb des Erkenntnisverfahrens

gerichtlicher Kostenentscheidungen ergangenen Kostenfestsetzungsbeschlüssen[2].

(1) Die Bundesrechtsanwaltsordnung sieht eine zwangsweise Durchsetzung dieser Entscheidungen nicht vor. Auch ein Rückgriff über § 40 IV BRAO auf § 33 FGG erscheint ausgeschlossen. Abgesehen davon, daß § 33 FGG keine Vollstreckung gegen Personen des öffentlichen Rechtes zulassen soll[3], bezieht er sich nicht auf die Durchsetzung individueller Ansprüche[4]. Das lehrt nicht zuletzt ein Gesetzesvergleich, da für die meisten sog. echten Streitsachen, deren Verfahren sich ganz oder teilweise nach dem FGG richtet, das Vollstreckungsrecht abweichend und in der Regel nach der ZPO gestaltet ist[5].

(2) Aus der Unergiebigkeit von Bundesrechtsanwaltsordnung und FGG kann indes kein Ausschluß jeder Vollstreckung gefolgert werden. Dabei kann offen bleiben, ob sich deren Notwendigkeit bereits aus Art. 19 IV 1 GG ergibt[6]. Da das geltende Recht für die öffentlich-rechtlichen Individualansprüche regelmäßig eine Vollstreckung vorsieht[7], besteht kein Anlaß, auf dem Gebiet des anwaltlichen Berufsrechtes davon eine Ausnahme zu machen[8]. Das bedeutet, daß insoweit eine Gesetzeslücke in der Bundesrechtsanwaltsordnung vorliegt, zu deren Schließung auf das Vollstreckungsrecht der Verwaltungsgerichtsordnung zurückzugreifen ist. Insbesondere kann die Justizverwaltung, die zur Vornahme einer Amtshandlung oder zur Bescheidung verurteilt worden ist, in entsprechender Anwendung des § 172 VwGO durch Zwangsgeld zur Erfüllung der ihr auferlegten Verpflichtung angehalten werden.

---

[2] Auf die hier nicht weiter eingegangen worden ist. Von ihnen zu unterscheiden ist die Durchsetzung staatlicher Ansprüche aus der Kostenordnung, die mit Hilfe der Justizbeitreibungsordnung geschieht, § 205 II; dazu *Bülow*, § 205 Erl. 4; *Lappe*, DRpfl. 1959, 335.

[3] *Schlegelberger*, § 33 Rdnr. 3.

[4] *Lent*: Freiwillige Gerichtsbarkeit (3. Aufl. 1958), S. 95; *Jansen*, § 33 Erl. 3.

[5] Vgl. die Nachweise bei *Jansen*, § 33 Erl. 6; *Keidel*, § 33 Erl. 2 a.

[6] So *Bachof*, DVBl. 1950, 558; Vornahmeklage S. 164; *Hans*, DVBl. 1956, 856; *Menger*, Verw. Arch. 49, 280; *(Maunz-)Dürig*, Art. 19 IV Rdnr. 13; *Rupp*, AöR 85, 326; *Hamann*, Art. 19 Erl. B 12; *LVG Arnsberg*, NJW 1958, 116; dagegen *Bettermann*, Grundrechte III/2 S. 805 sub d; *Ule*, DVBl. 1959, 539 f.

[7] §§ 167 ff VwGO; §§ 198 ff SGG; früher § 76 BVerwGG; § 108 MRVO 165; § 98 VGG Rhld.-Pf.; § 108 VGG Saar.

[8] Auch vor Erlaß der Bundesrechtsanwaltsordnung konnten die (verwaltungsgerichtlichen) Urteile in Zulassungssachen regelmäßig vollstreckt werden. Eine vorläufige Vollstreckung wurde dagegen als dem öffentlichen Interesse widerstreitend regelmäßig abgelehnt; vgl. etwa *OVG Münster*, MDR 1959, 246.

Viertes Kapitel: Das Verfahren bei Zulassungsstreitigkeiten

II. Einstweilige Anordnung

Ebenfalls keine Vorschriften enthält die Bundesrechtsanwaltsordnung über die Zulässigkeit einer einstweiligen Anordnung bei Zulassungsstreitigkeiten. Da dem Antrag auf gerichtliche Entscheidung außerdem regelmäßig keine aufschiebende Wirkung zukommt[9], besteht nach dem Recht der Bundesrechtsanwaltsordnung keine Möglichkeit, vor Erlaß der Endentscheidung vorläufigen Rechtsschutz zu gewähren.

Eine Abhilfe ermöglicht hier der über die §§ 40 IV, 42 VI entsprechend anzuwendende § 24 III FGG, wonach das „Beschwerdegericht" eine einstweilige Anordnung erlassen kann. Diese Vorschrift steht zunächst dem Senat für Anwaltssachen als Beschwerdegericht zur Verfügung; sie gilt darüber hinaus aber auch für das erstinstanzliche Verfahren vor Ehrengerichtshof und Bundesgerichtshof. Denn Art. 19 IV 1 GG fordert die Möglichkeit eines vorläufigen richterlichen Schutzes durch einstweilige Anordnung[10], und § 24 FGG ist durchaus geeignet, diesen Schutz zu gewähren. Das zeigt ein Vergleich mit dem in den §§ 23 ff. EGGVG geregelten Rechtsschutz gegenüber Maßnahmen der Justizverwaltung: Hier gelten nach § 29 II die Vorschriften des FGG über das Beschwerdeverfahren (!) sinngemäß, so daß auch dort bereits dem erstinstanzlichen Gericht der § 24 III FGG zur Verfügung steht. Ähnliches muß auch für die Bundesrechtsanwaltsordnung gelten. Nicht zulässig ist eine Maßnahme des anwaltlichen Berufsgerichtes nach § 24 III FGG nur bei Streitigkeiten über die Zurücknahme der Zulassung, da hier, entsprechend § 123 V VwGO, die §§ 16 V 1, 35 II 7 BRAO mit der darin festgelegten aufschiebenden Wirkung des Antrages auf gerichtliche Entscheidung als leges speciales angesehen werden müssen.

---

[9] s. oben § 18 I.
[10] Vgl. allgemein *Bettermann*, Grundrechte III/2 S. 802 Anm. 122; *(Maunz-) Dürig*, Art. 19 IV Rdnr. 14.

Schrifttumsverzeichnis

Anschütz: Die Verfassung des Deutschen Reiches. 14. Aufl. 1933.
Arndt, Adolf: Diskussionsbeitrag. Anw. Bl. 1957, 188.
— Das rechtliche Gehör. NJW 1959, 6.
Arnold: Anwalt und gemeinsamer Markt. Anw. Bl. 1959, 27.
Bachof: Die Zwangsvollstreckung verwaltungsgerichtlicher Entscheidungen im geltenden Recht. DVBl. 1950, 554.
— Die verwaltungsgerichtliche Klage auf Vornahme einer Amtshandlung. 1951.
— Wehrpflichtgesetz und Rechtsschutz. 1957.
— Freiheit des Berufs. Die Grundrechte, Bd. III/1 (1958) S. 155.
Baring, Arnulf: Der Vertreter des öffentlichen Interesses im deutschen Verwaltungsprozeß. Verw. Arch. 50, 105.
Baumbach-Lauterbach: Zivilprozeßordnung mit Gerichtsverfassungsgesetz und anderen Nebengesetzen. 26. Aufl. 1961.
Baumgärtel: Das Verfahren der ordentlichen Gerichte in öffentlich-rechtlichen Streitsachen. ZZP 73, 387.
Benedikt: Die Advokatur unserer Zeit. 4. Aufl. 1912.
Berger: Zulässigkeit der Überbesetzung der Kollegialgerichte mit Beisitzern. NJW 1955, 1138.
Bettermann: Wesen und Streitgegenstand der verwaltungsgerichtlichen Anfechtungsklage. DVBl. 1953, 163 und 202.
— Die Revision wegen wesentlicher Verfahrensmängel insbesondere nach dem BVerwGG. NJW 1954, 1305.
— Zur Lehre vom Folgenbeseitigungsanspruch. DÖV 1955, 528.
— Notwendigkeit, Möglichkeiten und Grenzen einer Angleichung der Deutschen Verfahrensordnungen. ZZP 70 (1957), S. 161.
— Das erfolglose Vorverfahren als Prozeßvoraussetzung des verwaltungsgerichtlichen Verfahrens. DVBl. 1959, 308.
— Die Unabhängigkeit der Gerichte und der gesetzliche Richter. Die Grundrechte, Bd. III/2 (1959), S. 523.
— Der Schutz der Grundrechte in der ordentlichen Gerichtsbarkeit. Die Grundrechte, Bd. III/2 (1959), S. 779.
— Das erfolglose Vorverfahren als Prozeßvoraussetzung des verwaltungsgerichtlichen Verfahrens. DVBl. 1959, 308.
— Die Verpflichtungsklage nach der Bundesverwaltungsgerichtsordnung. NJW 1960, 649.
— Der verwaltungsgerichtliche Rechtsschutz bei Nichtbescheidung des Widerspruchs oder des Vornahmeantrags NJW 1960, 1081.
Bettermann-Josephi: Berufsgerichtsbarkeit, in: Kuhns, das gesamte Recht der Heilberufe (1958), S. I/241.
Bochalli: Bundesbeamtengesetz. 2. Aufl. 1958.
Bogs: Die Sozialgerichtsbarkeit. RdA 1953, 456.

Bonner Kommentar: Kommentar zum Grundgesetz. 1950 ff.
Brand: Die Reichsdienststrafordnung. 1937.
Brandi: Von der Freiheit der Advokatur. Gedächtnisschrift für Cüppers. 1953, S. 13.
— Der Syndikusanwalt. NJW 1961, 390.
Brangsch: Die Vertretung im Sühneverfahren vor dem Schiedsmann. Anw. Bl. 1958, 25.
Bülow: Neues Anwaltsrecht im Werden. Bulletin 1952, 842 und 853.
— Zu dem Entwurf einer Bundesrechtsanwaltsordnung. BAnz. 1952 Nr. 167, S. 5.
— Der neue Entwurf einer Bundesrechtsanwaltsordnung. BAnz. 1954 Nr. 233 (Beil.).
— Bundesrechtsanwaltsordnung. Erläuterungsbuch für die Praxis. 1959.
Cüppers: Das neue Zulassungsverfahren für Rechtsanwälte in der britischen Zone. NJW 1949, 363.
Dersch-Volkmar: Kommentar zum Arbeitsgerichtsgesetz. 6. Aufl. 1955.
Deutscher Anwaltverein: Stellungnahme des Deutschen Anwaltvereins vom 23. 1. 1955 zum Entwurf einer Bundesrechtsanwaltsordnung. Anw. Bl. 1955, 27.
— Stellungnahme des Vorstandes des Deutschen Anwaltvereins zur Bundesrechtsanwaltsordnung. Anw. Bl. 1958, 49.
Dietz-Nikisch: Arbeitsgerichtsgesetz. Kommentar 1954.
Dix: Bundesrechtsanwaltskammer und Ehrengerichtsbarkeit. NJW 1952, 131.
Döhring: Geschichte der deutschen Rechtspflege seit 1500. 1953.
Erdsiek: Zur Frage der Simultanzulassung. JZ 1955, 666.
— Zur Frage der Simultanzulassung beim Oberlandesgericht. JZ 1956, 113.
Erler: Rechtsnot durch Anwaltsnot. Denkschrift zum numerus clausus. 1950.
— Freiheit und Grenze berufsständischer Selbstverwaltung. 1952.
Eschenburg: Staat und Gesellschaft in Deutschland. 3. Aufl. 1956.
Eyermann-Fröhler: Verwaltungsgerichtsgesetz. Kommentar. 2. Aufl. 1954.
— Verwaltungsgerichtsordnung. Kommentar. 3. Aufl. 1962.
Fischbach: Bundesbeamtengesetz. 2. Aufl. 1956 mit Ergänzungsband 1959.
Fischer, Walther: Aufbau und Ordnung der Anwaltschaft in der britischen Zone. MDR 1947, 180.
— Zur Frage des numerus clauses. MDR 1950, 724.
Fischinger: Die Bundesrechtsanwaltsordnung. JZ 1960, 47.
Fleiner: Institutionen des deutschen Verwaltungsrechts. 8. Aufl. 1928.
Fölsche: Das Ehrenamt in Preußen und im Reiche. 1911.
Forsthoff: Lehrbuch des Verwaltungsrechts. 8. Aufl. 1961.
Friedländer, Adolf und Max: Kommentar zur Rechtsanwaltsordnung vom 1. Juli 1878. 3. Aufl. 1930.
Friedländer, Max: Der Gesetzgeber und das Anwaltsrecht. JZ 1955, 11.
— Die Fachanwaltschaft im zweiten Entwurf einer Bundesrechtsanwaltsordnung. JZ 1955, 414.
— Zur Frage der Simultanzulassung beim Oberlandesgericht. JZ 1956, 112.
Friesenhahn: Der Rechtsschutz im öffentlichen Recht nach dem Bonner Grundgesetz. DV 1949, 478.
Gause: Bundesrechtsanwaltsordnung. DRiZ 1959, 376.

Gause: Neuordnung des Anwaltsrechts. Einige Fragen aus der neuen Bundesrechtsanwaltsordnung. ZBR 1959, 321.

Greiff: Die Rechtsprechung des „Ehrengerichtshofs für Rechtsanwälte in Hessen", NJW 1958, 1565.

Habscheid: Die Unabhängigkeit des Rechtsanwalts. NJW 1962, 1985.

Hamann: Bundesrechtsanwaltsordnung und Grundgesetz. NJW 1958, 811.
— Deutsches Wirtschaftsverfassungsrecht. 1958.
— Das Grundgesetz. Kommentar. 2. Aufl. 1961.

Hans: Die Vollstreckung von verpflichtenden verwaltungsgerichtlichen Urteilen im Bereich des früheren preußischen Rechts. DVBl. 1956, 856.

Heimerich: Die neue Bundesrechtsanwaltsordnung und die soziale Stellung der Rechtsanwälte. BB 1959, 785.

Heinrich: Zur Gestaltung der Ehrengerichte der Rechtsanwaltskammern in der künftigen Bundesrechtsanwaltsordnung. JZ 1956, 318.

Heins: Die Bundesrechtsanwaltsordnung. Ein Entwurf der Arbeitsgemeinschaft der Anwaltskammervorstände im Bundesgebiet. NJW 1950, 617.
— Betrachtungen zum Entwurf einer Bundesrechtsanwaltsordnung. NJW 1955, 281.
— Der neue Entwurf zur Bundes-Rechtsanwalts-Ordnung. NJW 1958, 201.
— Die Bundes-Rechtsanwaltsordnung. NJW 1959, 1345.

Hennecke: Rechtsanwälte und Sozialgerichtsbarkeit. MDR 1956, 201.

Hirschmann: Das neue Anwaltsrecht. SchlHA. 1959, 183.

Holste: Fachanwaltschaften. Anw. Bl. 1956, 33.

Huber, Ernst Rudolf: Wirtschaftsverwaltungsrecht. Bd. I, 1953.

Imme: Zu grundsätzlichen Fragen des anwaltlichen Standesrechts. JR 1957, 281.

Ipsen: Gleichheit. Die Grundrechte, Bd. II (1954), S. 111.

Jahn: Die Zuständigkeit des Richterwahlausschusses des Bundes. DRiZ 1961, 315.

Jansen: Gesetz über die Angelegenheiten der freiwilligen Gerichtsbarkeit. 1959.

Jehle: Der verwaltungsgerichtliche Kostenvorschußbeschluß. Bay. VBl. 1959, 397.

Jellinek, Walter: Die Rechtsformen des Staatsdienstes. Begriff und rechtliche Natur des Beamtenverhältnisses. HdbDStR Bd. II (1932), S. 20.
— Verwaltungsrecht. 3. Aufl. 1931.

Kalsbach: Über Fragen des rechtsanwaltlichen Standesrechts. 1956.
— Standesrecht des Rechtsanwalts. 1956.
— Bundesrechtsanwaltsordnung und Richtlinien für die Ausübung des Rechtsanwaltsberufs. Kommentar. 1960.

Keidel: Aus der Rechtsprechung zur freiwilligen Gerichtsbarkeit. JZ 1953, 272.
— Gesetz über die Angelegenheiten der freiwilligen Gerichtsbarkeit. 6. Aufl. 1954.

Kern: Gerichtsverfassungsrecht. 3. Aufl. 1959.

Kleiss: Klageerzwingung im Ehrengerichtsverfahren. NJW 1961, 910.

Klinger: Die Verordnung über die Verwaltungsgerichtsbarkeit in der britischen Zone. 3. Aufl. 1954.
— Verwaltungsgerichtsordnung. Kommentar 1960.

Kneer: Der Rechtsanwalt. (Eine kulturgeschichtliche Studie.) 1928.

Kreft: Die Zuständigkeit des Richterwahlausschusses des Bundes. DRiZ 1961, 165.

Kregel: Simultanzulassung beim Oberlandesgericht? DRiZ 1956, 25.

Kuhfuß: Wesen, Begriff und Erscheinungsformen der Sondergerichtsbarkeit. Dissertation Münster 1956.

Lappe: Bundesrechtsanwaltsordnung. DRpfl. 1959, 333.

Larenz: Methodenlehre der Rechtswissenschaft. 1960.

Lauterbach: Kostengesetze. 14. Aufl. 1960.

Lent: Zivilprozeß und freiwillige Gerichtsbarkeit. ZZP 66 (1953), S. 267.
— Freiwillige Gerichtsbarkeit. 3. Aufl. 1958.

Lerche: Ordentlicher Rechtsweg und Verwaltungsrechtsweg. 1953.
— Zwischenbilanz der Klage gegen nichtige Verwaltungsakte. DÖV 1954, 712.
— Grundrechte der Soldaten. Die Grundrechte, Bd. IV/1 (1960), S. 447.

Levin: Die rechtliche und wirtschaftliche Bedeutung des Anwaltszwanges. 1916.

Lindgen: Bundesdisziplinarrecht. Erster Teil: Systematische Darstellung. 1952 ff.

Magnus: Die Rechtsanwaltschaft. 1929.

von Mangoldt: Das Bonner Grundgesetz. 1953.

von Mangoldt-Klein: Das Bonner Grundgesetz. 2. Aufl., Bd. I. 1957.

Maunz: Deutsches Staatsrecht. 11. Aufl. 1961.

Maunz-Dürig: Grundgesetz. Kommentar. 1959 ff.

Mellwitz: Sozialgerichtsgesetz. 1956.

Menger: zum staatlichen Rechtsschutz gegenüber kirchlichen Rechtshandlungen. Ein Beitrag zur Auslegung der General-Klausel in Art. 19 Abs. 4 des Grundgesetzes und in den Verwaltungsprozeßordnungen. MDR 1955, 512.
— Über die Identität des Rechtsgrundes der Staatshaftungsklagen und einiger Verwaltungsstreitsachen. Gedächtnisschrift für Walter Jellinek. 1955. S. 347.
— Höchstrichterliche Rechtsprechung zum Verwaltungsrecht. Verw. Arch. 49, 272.
— Der Schutz der Grundrechte in der Verwaltungsgerichtsbarkeit. Die Grundrechte, Bd. III/2 (1959) S. 715.

Mittelstein: Die Bundesrechtsanwaltsordnung. MDR 1959, 811.

Neuhäuser: Wider die Todsünde der Fachanwaltschaften. Anw. Bl. 1956, 54.

Ostermann: Der Rechtscharakter der Ehrengerichte für Rechtsanwälte und der Berufsgerichte der Heilberufe. Dissertation. Münster 1962.

Ostler: Der Rechtsanwalt im Rechtsstaat. JR 1958, 441.

Peters, Hans: Ehrenbeamte. HdbDStR Bd. II (1932) S. 100.

Peters: Das echte Streitverfahren im Bereich des FGG. MDR 1952, 137.

Peters-Sautter-Wolff: Kommentar zur Sozialgerichtsbarkeit. 1953.

Pfennig: Der Begriff des öffentlichen Dienstes und seiner Angehörigen. 1960.

Plog-Wiedow: Kommentar zum Bundesbeamtengesetz. 1958 ff.

Ranz: Das Anwaltsrecht in den Ländern des Bundesgebietes. 1950.

Redeker: Gegenwartsfragen der berufsständischen Selbstverwaltung. JZ 1954, 625.
— Zum 2. Regierungsentwurf einer Bundesrechtsanwaltsordnung. JZ 1954, 738.
Redeker-von Oertzen: Verwaltungsgerichtsordnung. Kommentar. 1960.
Reuss: Die Organisation der deutschen Anwaltschaft. JR 1953, 253.
— Zur Neuordnung des Revisionsrechts, insbesondere im verwaltungsgerichtlichen Verfahren. DÖV 1959, 10.
Reuter: Der Syndikusanwalt — Eine Entgegnung. NJW 1961, 909.
von Rheinbaben: Die preußischen Disziplinargesetze. 2. Aufl. 1911.
Roesen: Die Auseinandersetzung des Anwalts mit dem Staat. Anw. Bl. 1957, 174.
Roquette: Mieterschutzgesetz. Kommentar 1956.
Rosenberg: Lehrbuch des deutschen Zivilprozeßrechts. 9. Aufl. 1961.
Rupp: Zur neuen Verwaltungsgerichtsordnung: Gelöste und ungelöste Probleme. AöR 85, 149 und 301.
von Sauer: Zum Entwurf der Bundesrechtsanwaltsordnung. Anw. Bl. 1950, 4.
— 75 Jahre Reichsjustizgesetze und freie Advokatur. Zur Bundesrechtsanwaltsordnung. Anw. Bl. 1954, 185.
Schaefer: Die besondere Verwaltungsgerichtsbarkeit im Soforthilferecht. DÖV 1951, 653.
Scheuner: Die Selbständigkeit und Einheit der Rechtspflege. DÖV 1953, 517.
Schlegelberger: Gesetz über die Angelegenheiten der freiwilligen Gerichtsbarkeit. 2 Bde. 6. Aufl. 1952.
Schmelzeisen: Die Zulassung zur Rechtsanwaltschaft. AcP 151 (1950/51) S. 434.
Schneider, Hans: Verträge zwischen Gliedstaaten im Bundesstaat. VVDStRL 19 (1961) S. 1.
von Schönberg: Änderung der ZPO durch die Bundesrechtsanwaltsordnung. JZ 1953, 24.
Schüle: Der streitentscheidende Verwaltungsakt. Staats- und verwaltungswissenschaftliche Beiträge, herausgegeben von der Hochschule für Verwaltungswissenschaften Speyer. 1957. S. 277.
Schultz, Günther: Blick in die Zeit. MDR 1950, 533 und 599.
Schumann: Kostenprobleme zur Bundesrechtsanwaltsordnung. NJW 1959, 1761.
Schunck-De Clerck: Verwaltungsgerichtsordnung. Kommentar. 1961.
Schwinge: Grundlagen des Revisionsrechts. 2. Aufl. 1960.
Siegmund-Schultze: Die vorläufige Vollziehung angefochtener Verwaltungsakte und Art. 19 IV GG. Dissertation Göttingen 1957.
Stein-Jonas-Schönke-Pohle: Kommentar zur Zivilprozeßordnung. 18. Aufl. 1953 ff.
Stern: Das allgemeine Verwaltungsrecht in der neueren Bundesgesetzgebung. JZ 1962, 265 und 297.
Sydow-Busch: Zivilprozeßordnung. 22. Aufl. 1941.
Thiele: Müssen Bundesarbeitsrichter vom Bundesminister für Arbeit gemeinsam mit einem Richterwahlausschuß berufen werden? RdA 1953, 245.
Thunecke: Die Rechtsbehelfe gegen Verwaltungsakte in Rechtsanwaltsangelegenheiten im Geltungsbereich der britischen Zone. DVBl. 1950, 521.

Triepel: Staatsdienst und staatlich gebundener Beruf. Festschrift für Karl Binding. Bd. II (1911) S. 1.

Ule: Bundessondergerichte. DVBl. 1953, 396.
— Die künftige Verwaltungsgerichtsordnung. JZ 1953, 681.
— Verfassungsrecht und Verwaltungsprozeßrecht. DVBl. 1959, 537.
— Verwaltungsprozeßrecht. Studienbuch. 2. Aufl. 1961.
— Verwaltungsgerichtsbarkeit. 2. Aufl. 1962, in: M. von Brauchitsch, Verwaltungsgesetze des Bundes und der Länder. Bd. I/2.

Weber, Karl: Zum Inkrafttreten der Bundesrechtsanwaltsordnung. Anw. Bl. 1959, 233.

Wecks: Der Syndikusanwalt. BB 1955, 424.

Weissler: Geschichte der Rechtsanwaltschaft. 1905.

Wieczorek: Zivilprozeßordnung und Nebengesetze. Bd. V. 1957.

Wittland: Die preußischen Dienststrafordnungen für Beamte und Richter. 1935.
— Reichsdienststrafordnung. 1937.

Wolff: Fragen zur Rechtsanwaltsordnung für die britische Zone und zur Neuordnung des Anwaltsrechts. NJW 1950, 324.

Wolff, Hans Julius: Die Voraussetzungen eines „besonderen Verwaltungsgerichts", dargestellt am Beispiel der Spruchkammern bei den Oberversicherungsämtern. MDR 1951, 67.
— Verwaltungsrecht I., 4. Aufl. 1961.

Zimmermann: Die Erstattung der außergerichtlichen Kosten im Zulassungsverfahren der Bundesrechtsanwaltsordnung. NJW 1961, 911.

Zöller: Zivilprozeßordnung. 8. Aufl. 1957.

Zweigert, Kurt: Kommentierung in Müller-Henneberg-Schwartz, Gesetz gegen Wettbewerbsbeschränkungen. 1958.

Printed by Libri Plureos GmbH
in Hamburg, Germany